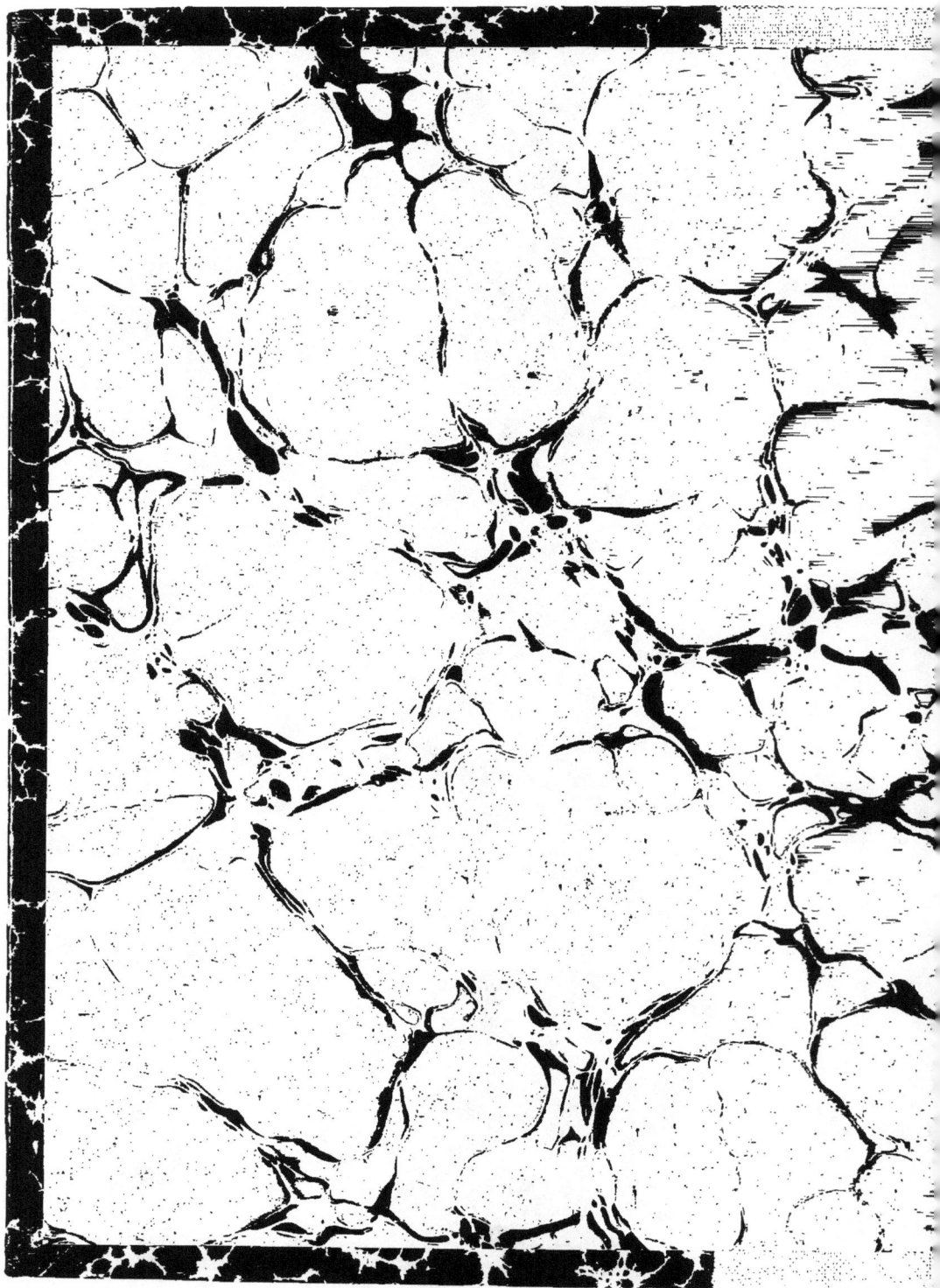

BOULANGER

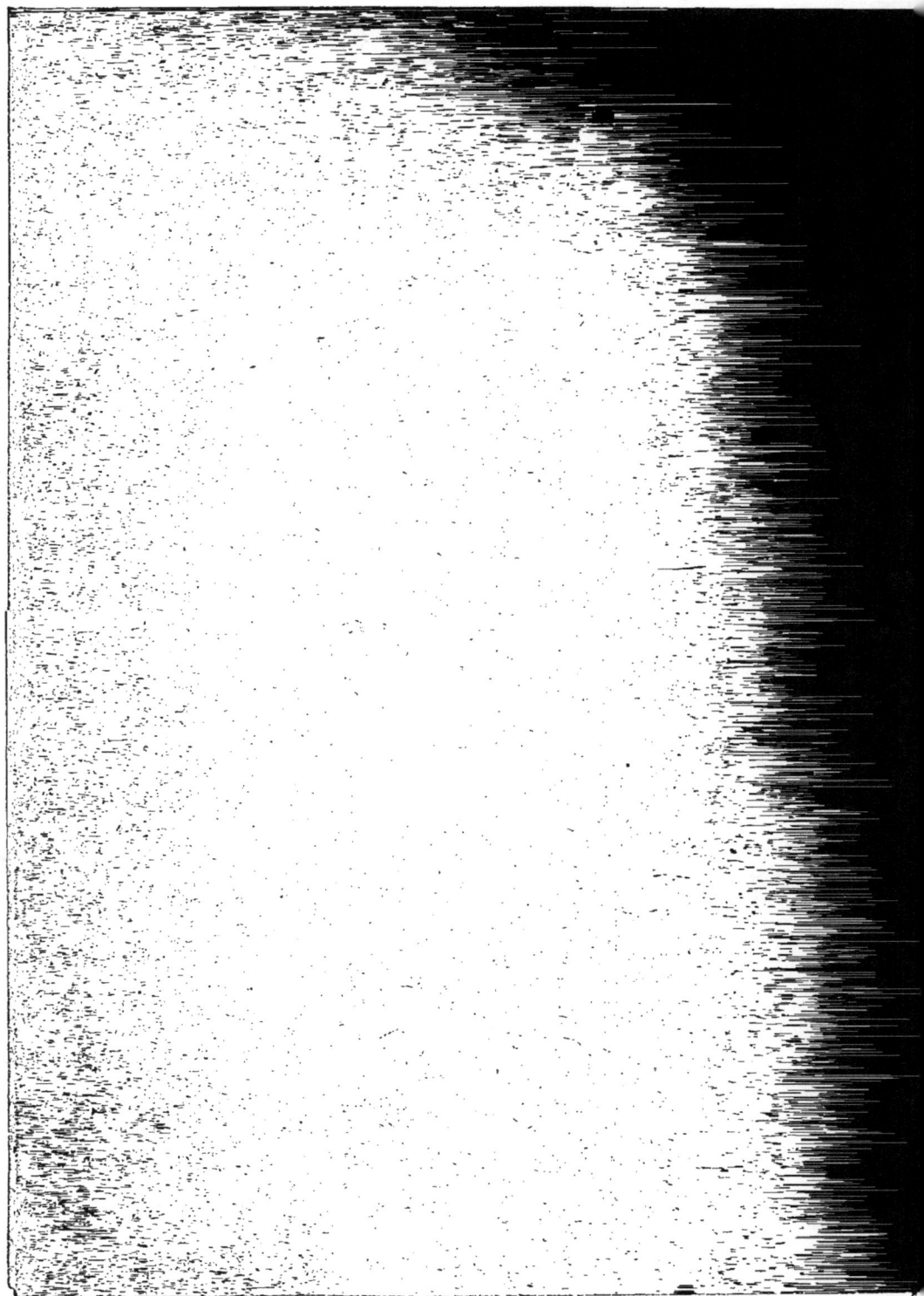

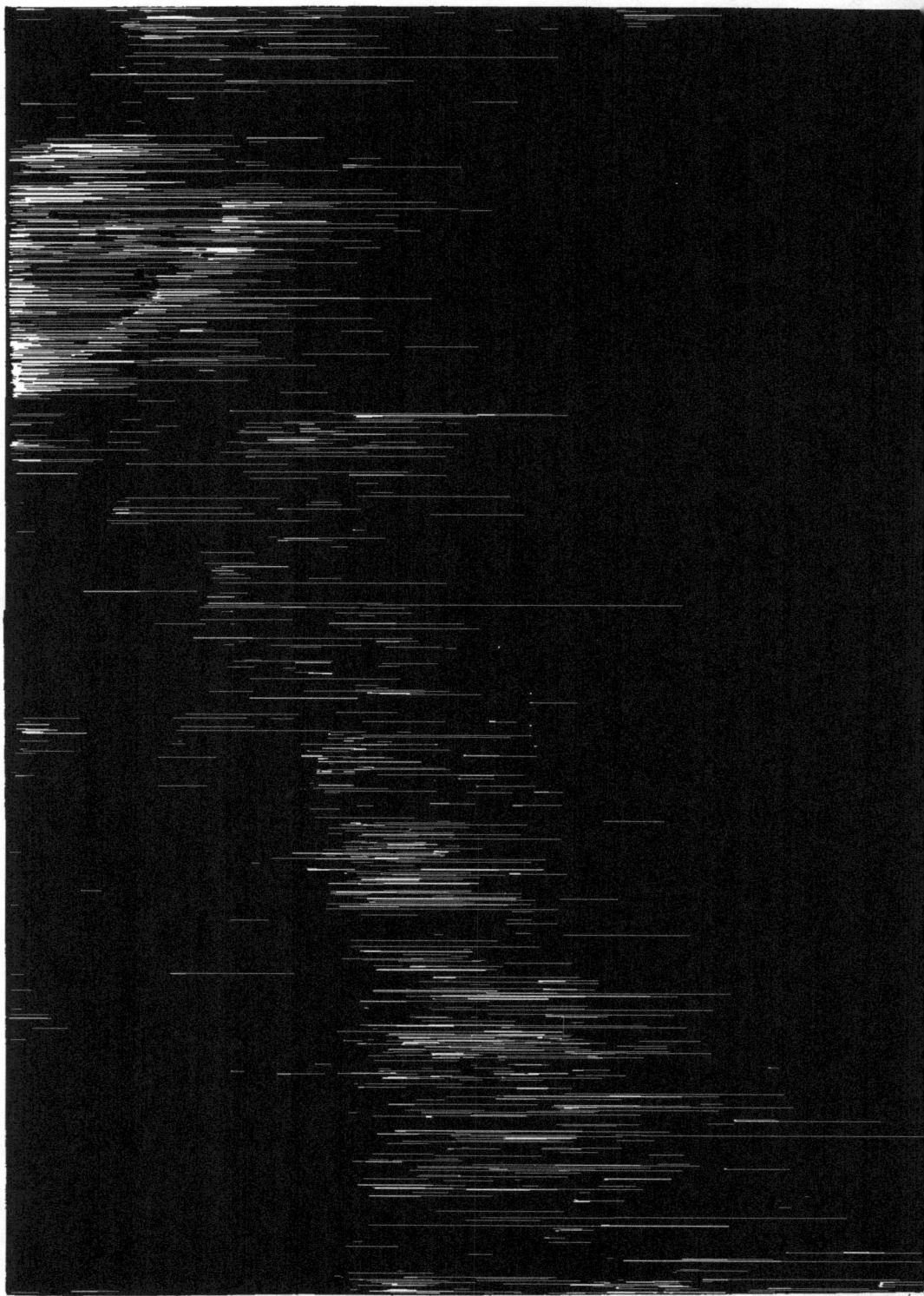

D O M

A LA MEILLEURE DES MÈRES
MADEMOISELLE AMABLE ZOÉ

DESMARQVEST

FONDATRICE DE CETTE MAISON EN 1845,
ENLEVÉE A NOTRE FILIALE AFFECTION
LE 2 FÉVRIER 1875,

SES ÉLÈVES RECONNAISSANTES

Mon Dieu je ne pourrai donc plus me dépenser
pour ceux que j'aime !
(DERNIÈRES PAROLES DE Mᵉˡˡᵉ DESMARQVEST)

Elle a passé en faisant le bien (ACT. AP)
Sa mémoire est en bénédiction (ECCL. XLV. 1)
Que la sainte volonté de Dieu soit faite

· 13 IVIN MDCCCLXXV ·

LITH : T JEUNET. AMIENS

MADEMOISELLE AMABLE-ZOÉ DESMARQUEST

née à Méaulte (Somme)
le 10 9bre 1815.

Décédée à Amiens dans son Pensionnat
le 4 Février 1875.

1815 — 1875

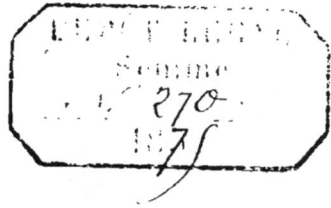

NOTICE BIOGRAPHIQUE

SUR

Mᴸᴸᴱ Z. DESMARQUEST

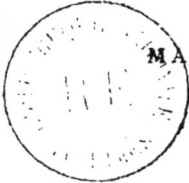

MAITRESSE DE PENSION

A AMIENS

M DCCC   L XXV

AMIENS

TYPOGRAPHIE ET LITHOGRAPHIE DE T. JEUNET,

RUE DES CAPUCINS, 47.

TABLE.

AU LECTEUR.

~~~~~~

CE Petit livre, recueil de pieux souvenirs, est l'œuvre commune des amis et des élèves de Mademoiselle Zoé DESMARQUEST. Les uns ont apporté le concours de leur talent et de leur bonne volonté, les autres ont gracieusement offert leur obole. Cet empressement a permis d'atteindre en quelques mois le but que tant de cœurs généreux s'étaient proposé pour honorer et perpétuer la mémoire d'une maîtresse vénérée, d'une mère chérie. Aujourd'hui, une plaque commémorative est fixée dans l'intérieur de la chapelle du pensionnat de la rue Saint-Fuscien ; un monument funèbre est élevé à

Méaulte, dans le cimetière du pays natal ; ces pages enfin, où l'on puisera de si grands exemples, de si fermes consolations, vont trouver leur place dans le sanctuaire des familles.

Le frontispice donne l'image de la plaque de marbre commémorative posée à la chapelle le 13 juin, époque d'une solennité bien douce pour Mademoiselle Desmarquest, la première communion de ses enfants ; plus loin, un autre dessin représente l'aspect du monument funèbre érigé à Méaulte le 5 juillet, date que n'oubliaient jamais les anciennes ni les nouvelles élèves, puisqu'elle leur rappelait l'anniversaire de la fête de leur excellente mère.

Des mains amies avaient conservé le portrait de Mademoiselle Desmarquest ; ce portrait, si souvent désiré, a été reproduit par un procédé nouveau aussi inaltérable que l'attachement des cœurs reconnaissants : il orne le feuillet en regard du titre.

Les premières pages redisent les témoignages

de la douleur et des regrets publics exprimés dans tous les journaux de la ville ; elles contiennent le compte-rendu de la cérémonie funèbre et les derniers adieux prononcés par un père de famille, sur le bord de la tombe, à Méaulte.

Vient ensuite la biographie de Mademoiselle Desmarquest, œuvre précieuse où cette belle âme est comprise et dépeinte avec tant de cœur et de vérité ; puis un extrait des Pensées des jeunes Élèves, touchant hommage rendu à une mémoire si chère ; puis enfin le récit de la bénédiction du monument, le 5 juillet, à Méaulte, et les paroles adressées à l'auditoire ému et recueilli.

Les noms des Souscripteurs à l'aide desquels on a pu réaliser l'œuvre projetée complètent ce petit volume.

Le Comité d'organisation témoigne sa profonde gratitude à tous les amis de Mademoiselle Desmarquest ; il croit être l'interprète de cha-

cun d'eux en les associant aux sincères remerciements qu'il adresse, tant en son nom qu'au
nom de la Famille, à l'orateur chrétien qui a si
bien su remettre en lumière l'esprit et l'âme
de Mademoiselle Zoé Desmarquest, à l'artiste
éminent qui a perpétué sur la pierre et le
marbre le souvenir de celle qui fut la plus
dévouée des filles, la meilleure des mères.

EXTRAITS DES JOURNAUX.

JOURNAL D'AMIENS DU 5 FÉVRIER 1875.

L'enseignement privé vient de faire une perte bien regrettable, vivement sentie à Amiens et dans · le département. Mademoiselle Zoé DESMARQUES directrice de l'excellent Pensionnat de demo' de la rue Saint-Fuscien, a succombé hier s' dix jours de maladie seulement, dans sa soixan... ne année.

Douée d'une intelligence et d'une activité peu communes, alliées à une sérénité de caractère parfaite, à une bonté, une affabilité sans égales, Mademoiselle DESMARQUEST avait toujours inspiré à ses nombreuses élèves le plus vif attachement,

aussi, quand arrivait le retour annuel des premières
communions, des fêtes intimes de l'institution,
c'était à qui des anciennes pensionnaires, jeunes
filles ou mariées, viendrait se mêler aux plaisirs
des plus jeunes compagnes, et témoigner à leur
ancienne maîtresse tous les sentiments de sympa-
thies et de reconnaissance que le départ plus ou
moins reculé de la pension n'avait jamais pu
altérer.

Ce n'est pas seulement le cœur de toute cette
grande famille que Mademoiselle DESMARQUEST avait
su s'attacher ; les parents eux-mêmes lui étaient
sincèrement dévoués; d'autre part, toutes ses maî-
treeses pouvaient se dire ses amies, sans que cependant la déférence en souffrît la mointre atteinte.

Grâce à ce concours absolu de tous, le coup
terrible et imprévu qui vient de frapper cette institution sera amorti par l'union, l'abnégation de tout
le personnel enseignant, et si la maîtresse tant aimée
n'est plus là pour animer de sa présence les études
et les jeux des enfants, du moins son esprit survi-
vra-t-il dans l'établissement et servira-t-il de guide
et de soutien aux maîtresses à qui ce cruel événement impose la mission de redoubler de zèle et de

dévouement dans la tâche ardue qui va leur incomber. Toute difficile que soit cette tâche, elle sera rendue praticable par le respect fidèle des traditions que Mademoiselle DESMARQUEST avait créées dans son pensionnat. Déjà d'ailleurs toutes les mesures ont été prises pour qu'il n'y ait aucune interruption dans les études qui suivent leur cours régulier comme par le passé.

MÉMORIAL D'AMIENS DU 5 FÉVRIER 1875.

Aujourd'hui ont lieu, à Saint-Martin, les funérailles de Mademoiselle DESMARQUEST, arrachée à l'affection de ses élèves et à l'estime de tous, après une courte et terrible maladie.

Pour tous ceux qui ont pu la voir à l'œuvre, pendant les quarante ans qu'elle a consacrés à la jeunesse, il était facile de savoir combien elle était faite pour l'éducation. D'une intelligence supérieure, d'une énergie peu commune, d'un dévouement qui savait s'intéresser à tous, elle avait une de ces natures heureusement douées, que la piété

sait couronner de nouveaux charmes et de nouvelles
richesses. Sa mort est un véritable deuil pour tous
ceux qui l'ont connue. Ce serait une perte irré-
parable pour notre ville si nous ne savions que son
institution, heureusement établie, doit continuer
sur les mêmes bases et s'inspirer du même esprit.

LE DIMANCHE DU 6 FÉVRIER 1875.

La ville d'Amiens vient de faire une perte qui a
été vivement ressentie, en la personne de Mademoiselle Zoé DESMARQUEST, maîtresse de pension,
rue Saint-Fuscien. *Le Dimanche* s'associe au deuil
et aux regrets touchants des anciennes élèves de
Mademoiselle DESMARQUEST. Elles ne sont pas les
seules atteintes par cette mort ; toutes les familles
chrétiennes de la ville et du Diocèse qui savaient
apprécier Mademoiselle DESMARQUEST, regretteront
avec elles l'institutrice aussi vertueuse qu'habile,
dont les rares qualités de l'esprit et du cœur avaient
conquis l'estime et l'affection de tous ceux qui l'ont
connue.

JOURNAL D'AMIENS DU 6 FÉVRIER 1875.

Les obsèques de Mademoiselle DESMARQUEST ont été, pour la ville d'Amiens, un deuil public. Dès le matin, la chapelle du pensionnat, convertie en chapelle ardente, recevait une foule recueillie et sans cesse renouvelée ; quand vint l'heure du convoi funèbre, parents, amis, voisins se pressaient dans les jardins pour rendre le dernier hommage à la femme si digne, à l'institutrice si méritante que la mort avait impitoyablement ravie à tant de cœurs affectueux, à tant d'âmes reconnaissantes.

Dans le cortége, dont on peut difficilement se figurer l'étendue, les plus hautes notabilités de la magistrature et du clergé se trouvaient confondues avec les personnes les plus recommandables de la cité et les parents des élèves venus de points éloignés du département et des départements voisins ; l'église Saint-Martin avait peine à contenir tous les assistants, parmi lesquels une prodigieuse affluence de dames en grand deuil, pour la plupart anciennes élèves de Mademoiselle DESMARQUEST.

Après la célébration du service solennel, le cortége se rendit à la gare, pour y accompagner la dépouille mortelle de Mademoiselle DESMARQUEST, qui devait être conduite à la station d'Albert, d'abord, puis au cimetière du village de Méaulte, afin d'y reposer auprès de la tombe de sa mère.

Un déchirant spectacle marqua l'heure de la séparation; les élèves, qui avaient pieusement accompagné jusqu'au bord du quai leur maîtresse bien-aimée, éclatèrent en sanglots, et, défilant néanmoins en ordre parfait devant le wagon funèbre, y déposèrent tour à tour des fleurs et des couronnes, en adressant à Mademoiselle DESMARQUEST leur adieu suprême. L'émotion, que les plus vaillants eux-mêmes étaient impuissants à contenir, gagna de proche en proche, et c'est avec des larmes bien sincères que chacun des nombreux assistants vint ensuite joindre ses douloureux adieux à ceux des enfants.

Un grand nombre de personnes voulurent se rendre avec la famille jusqu'à Méaulte, où les habitants grossirent successivement le cortége depuis l'entrée du village jusqu'à l'église. Les dernières prières étant dites, l'inhumation se fit dans le

cimetière voisin, à la place que Mademoiselle
DESMARQUEST avait elle-même désignée.

Un habitant d'Albert, M. TOULET aîné, qui avait
su apprécier pour ses enfants l'excellent système d'éducation du pensionnat de Mademoiselle DESMARQUEST,
prononça, sur le bord de la tombe, quelques paroles
écoutées avec une religieuse attention et au milieu
de l'attendrissement général. Nous sommes heureux
de reproduire ces paroles, qui expriment avec
autant de cœur que de vérité le sentiment intime
de tous les pères de famille.

« MESSIEURS,

« La reconnaissance est un devoir : je ne voudrais
« pas que, devant cette tombe se fermant pour
« jamais sur une femme de bien, notre silence à
« nous, pères de famille, pût laisser croire que nous
« n'avons pas apprécié les mérites et les vertus de
« Mademoiselle DESMARQUEST.

« Mademoiselle DESMARQUEST se consacra tout
« entière et pendant toute son existence à une noble
« et délicate mission : l'instruction et l'éducation
« des jeunes filles. — Nous savons tous avec quel

« zèle, avec quel dévouement elle a rempli jusqu'à
« la fin sa laborieuse et sainte carrière.

« Quand nos enfants nous quittaient, ils trouvaient
« chez elle un nouveau foyer ; leur digne institutrice
« avait pris à tâche de remplacer la mère de famille.
« Elle poussait jusqu'à l'extrême délicatesse le sen-
« timent de la responsabilité qui lui incombait.

« La religion tenait, justement, la première place
« dans son enseignement maternel si sage et si com-
« plet, et quand elle nous rendait nos enfants, elle
« pouvait avec fierté nous dire :

« Je les ai instruites dans l'amour de Dieu, de la
« famille, dans le respect de la société. »

« Courageusement victime du devoir , elle a
« succombé à la tâche.

« Oubliant sa propre santé pour ne penser qu'à
« celle de ses chères enfants, elle a contracté cette
« funeste maladie qui devait la ravir à l'affection
« de tous.

« Ses nombreuses élèves la pleurent aujourd'hui.
« Nous avons voulu, pères de famille, mêler nos
« regrets aux leurs ; nous avons voulu les mêler à
« ceux de sa famille, qui perd en elle une sœur
« dévouée, une amie, une bienfaitrice.

« Mademoiselle DESMARQUEST, vous emportez au
« Ciel la reconnaissance de tous, et au nom de tous,
« élèves et parents, je vous adresse le dernier adieu;
« mais votre souvenir, nous vous le promettons,
« vivra parmi nous.

« Adieu, femme de bien; institutrice dévouée,
« adieu ! »

A VOUS QU'ELLE A TANT AIMÉES.

C'EST A vous, ses Chères Enfants, que je dédie ces pages sur Mademoiselle Amable-Zoé Desmarquest. Vous me les avez demandées, je ne pouvais rien refuser à votre deuil pas plus qu'à son souvenir. Ai-je besoin d'avouer mon impuissance et mes regrets? J'aurais voulu la montrer telle que vous l'avez aimée, je n'ai même pas pu la peindre telle que je l'ai connue.

Une esquisse incomplète, une pâle ébauche, quelques traits crayonnés, quelques nuances dessinées, une image saisie à la hâte et fixée avec respect, des scènes intimes, richesses que je tiens de vous, trésors de famille, souvenirs de l'âme et du cœur..;

voilà ce que pour vous seules, amies demeurées
fidèles à sa vénérée mémoire, j'ai recueilli les
larmes aux yeux, et d'une main souvent tremblante
d'émotion.

Je l'ai connue trop tard pour tout savoir et pour
tout vous redire; je n'ai soulevé qu'un coin du voile,
votre œil plongera jusqu'au fond du trésor, et ces
pages du moins auront le mérite de vous ramener à
des jours dont le souvenir seul est une lumière et
une consolation. Vous reformerez cette physionomie
complète ; vous rendrez à ses lèvres leur sourire, à
ses yeux l'intelligence et la tendresse du regard, à
sa parole son charme et sa puissance, à sa volonté
l'énergique passion du bien, à son cœur le besoin de
vous aimer, et en reformant, avec vos souvenirs,
cette vie qui n'a été qu'un long et généreux dévouement à votre service, vous vous direz : Nous avons
perdu une mère.

A. Godin.

I.

ISSUE D'UNE famille où se conservent depuis
longtemps les traditions de la vie chrétienne,
fille d'une mère qu'on appelle encore la sainte
Madame Desmarquest, Mademoiselle Amable-Zoé
DESMARQUEST révéla, dès les premières années de
son enfance, les trésors d'une riche et brillante
nature. Nous voudrions pouvoir redire les détails
intimes de ses premiers moments et la montrer
dans cet intérieur aimé où toutes les vertus étaient
enseignées par l'exemple et pratiquées à l'envi. « Je
« passais un jour à Méaulte, avec elle, écrit une
« de ses amies, à côté de la maison qui fut son
« berceau, et, de loin, elle me montrait le banc où
« s'asseyait sa mère pour dire son chapelet, pendant
« qu'elle et son frère Auguste jouaient dans une

« allée voisine ou cueillaient des fleurs qu'on voulait
« lui offrir. Elle me montrait aussi la plate-bande
« où poussaient les premières violettes, et me ra-
« contait le soin jaloux avec lequel celui des deux
« qui avait découvert le premier bouton, le cachait à
« l'autre afin d'avoir le bonheur d'offrir ces simples
« fleurs, avant-coureurs du printemps. »

Il fallait l'entendre, à cinquante ans de distance,
parler de sa sainte mère et rappeler sa vie de Méaulte :
ses premières joies et ses premiers projets, ses jeux
d'enfant, ses récréations pleines de charmes, les heureuses surprises et les chères étrennes du jour de l'an,
les bonnes fêtes longtemps attendues et joyeusement
accueillies, les longues histoires cent fois redites et
toujours redemandées, les *Mémoires* du vieil oncle,
les pages tristes et sombres des mauvais jours, le zèle
industrieux de sa mère à cacher les prêtres proscrits....
et puis les rudes nuits d'hiver où l'âtre était trop
petit, où l'on couchait à la ferme beaucoup de
malheureux ; le plaisir vivement sollicité de porter
elle-même au mendiant l'aumône avidement reçue,
le bonheur d'accompagner sa mère auprès des malades pour les consoler, à la vieille église pour y
porter ses ornements de fête, le beau voyage d'Albert

et ses fréquentes visites à Notre-Dame-de-Brebières, les journées laborieuses de son père, l'activité incessante de sa mère, la bonté de ses aînés, l'attachement des vieux serviteurs, l'empressement des intimes de la famille et des habitués de la maison... Elle retrouvait, pour en parler, ces accents de l'âme qui disent les grandes joies et les grandes douleurs, et jamais l'image de sa mère ne traversait son esprit sans que ses yeux se mouillassent de larmes. Ne nous étonnons pas de l'avoir trouvée si vraiment mère pour ses enfants; à son tour, elle reportait sur d'autres des trésors d'affection qui l'avaient rendue si heureuse. Heureuse! oui, mais comme on l'est ici-bas... Il lui fallut, bien jeune encore, s'habituer à la souffrance et bientôt se revêtir de deuil. Ces souvenirs devaient la soutenir toute sa vie en lui rappelant comment les femmes fortes savent souffrir.

Le bon Dieu qui avait choisi une des tantes de Mademoiselle DESMARQUEST pour aider Madame Barat dans l'œuvre du Sacré-Cœur, la conduisit elle-même enfant à la maison de Beauvais où nous la retrouvons, quelques années plus tard, bonne, affectueuse, pleine d'attentions délicates et sachant s'oublier pour ne penser qu'aux autres; on n'en connaissait, nous

a-t-on dit, ni de plus pieuse, ni de plus aimable...,
prémices bénies de cette piété bien entendue qui
devait gagner tant d'âmes et imposer à tous une res-
pectueuse admiration.

Aucune ne recevait avec plus de plaisir et n'écou-
tait avec plus de profit les bonnes et spirituelles
leçons du vénérable M. Batardy, qui la dirigea pendant plus de trente ans : « Quel deuil et quel sacrifice !
« écrira-t-elle quarante ans plus tard, en apprenant
« la mort de ce saint prêtre ; qui nous eût dit, il y a
« aujourd'hui juste un mois, que nous entendions,
« pour la dernière fois, notre bon père Batardy !
« Depuis trente-six ans, il était mon guide, mon
« soutien, et dans toute l'étendue du mot, un véri-
« table ami pour moi. Et que de fois depuis quinze ans
« (séjour d'Amiens) il est venu relever notre courage,
« aplanir nos difficultés ! Quel saisissement et quelle
« douleur d'apprendre, samedi soir, la mort de ce
« vénéré père ! Hier, nous avons assisté aux funé-
« railles ; qu'elles furent tristes, qu'elles furent dé-
« chirantes ! Que de pauvres orphelins pleuraient
« celui en qui ils retrouvaient la tendresse, la solli-
« citude du meilleur des pères ! Que d'ecclésia-
« stiques ! Que de religieuses ! Quelle foule ! Et quel

« recueillement, quel respect, quelle douleur dans
« cette foule ! Cet hommage au mérite était bien une
« consolation; nous aurions voulu remercier chacun
« de ceux qui partageaient si bien nos justes regrets.
« Chère amie, vous comprenez mon deuil, n'est-ce
« pas ? Plaignez-moi, mais surtout priez, prions
« ensemble pour celui qui nous a fait tant de bien.
« Oh ! jamais je ne pourrai lui témoigner assez de
« reconnaissance. »

Ame ouverte à toute noble pensée, à tout généreux
sentiment, elle s'était éprise de la passion du devoir;
rien ne l'arrêtait dans le travail de sa formation, et
elle portait une ardeur à toute épreuve dans ces luttes
quotidiennes et ces immolations cachées qui font
l'honneur et le mérite de la vie. D'une intelligence
large, d'une conception vive, avec un travail assidu
qu'inspirait la foi autant que le goût naturel de
l'étude, elle triompha de toutes les difficultés et sut
se placer vite au rang des élèves les plus distinguées.
Esprit délicat, elle saisissait avec une promptitude
inconcevable le vrai côté des choses, elle excellait à
revêtir sa pensée d'une forme nette et imagée qui en
doublait le prix. Sa parole vive, gaie, pleine d'entrain
et de joyeuse humeur, abondait en mots délicats, en

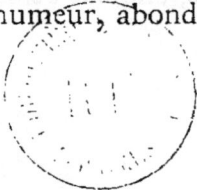

saillies brillantes, en réparties fines mais toujours
charitables ; aussi la jeune pensionnaire était-elle
admirée et chérie de toutes, les fêtes n'étaient point
complètes sans elle ; au travail comme aux jeux, elle
était le modèle de la maison. Sa sagesse, que récom-
pensaient toujours les plus belles distinctions du
pensionnat, lui avait mérité le privilége de catéchiser
et d'instruire les enfants pauvres qui trouvaient
chaque jour, au Sacré-Cœur, avec le morceau de
pain, l'aumône d'une bonne parole ; elle sut apprécier
cette faveur qu'elle rappelait souvent comme un de
ses meilleurs souvenirs. Déjà, comme d'elle-même,
elle penchait son âme avec amour vers tous ceux que
le malheur avait frappés, faisant l'apprentissage de
cette vie qui oubliera ses douleurs à consoler celles
d'autrui. Elle éprouvait le besoin de se dévouer et,
si la discrétion n'avait ses exigences, nous pourrions
citer des prodiges de délicatesse qui lui gagnèrent
alors des cœurs que sa tombe a retrouvés fidèles.

Mais rien n'est humble et modeste comme le
vrai mérite : seule, elle semblait ignorer ses qualités
et ses œuvres. Remplie d'une souveraine défiance
d'elle-même, elle avait peur de l'avenir, et, volontiers,
à l'exemple de ses sœurs, elle eût demandé à la vie

religieuse un appui qu'elle disait nécessaire pour ses
hésitations et pour ses craintes. Mais Dieu la voulait
ailleurs, dans un champ où la moisson est toujours
abondante et où la Providence a besoin d'ouvrières
dévouées.

II.

A DIX-HUIT ANS, Mademoiselle DESMAR-
QUEST dit adieu au couvent de Beauvais
pour entrer dans l'éducation, où l'appelait
une vocation sérieusement éprouvée et longtemps
mûrie. Ses premiers travaux et ses premiers succès
la conduisirent de Crespy à Gisors; à ce séjour est
attaché l'un de ses plus tristes souvenirs. Une nuit,
elle s'éveille toute tremblante, sous l'émotion d'un
rêve affreux; elle demande, avec larmes, qu'on la
laisse partir pour voir sa mère qu'elle dit gra-
vement malade. Une lettre, reçue trois jours aupara-
vant, lui annonçait pourtant que tous les membres
de sa famille étaient en bonne santé; mais un
horrible pressentiment la torturait; elle l'avait
vue mourante, en son sommeil. On essaie de la
calmer, on a beau lui parler de craintes vaines,
d'imaginations puériles; rien ne peut la rassurer;

et par un temps humide et glacial elle prend la mauvaise diligence du pays jusqu'à Méaulte où elle arrive pour recevoir le dernier soupir et la dernière bénédiction de sa sainte mère. C'est ce qu'elle appelait plus tard : « le grand deuil de sa vie. »

Elle quitta bientôt Gisors pour prendre à Breteuil, avec Mademoiselle Houël, son amie d'enfance, un établissement bien humble qui fut vite transformé, et devint, sous l'habile direction de ses nouvelles maîtresses, une institution brillante et pleine de vie. A trente ans de distance, on parle encore de ces distributions de prix qui amenaient à Breteuil des foules d'étrangers; de ces expositions si riches d'ouvrages et de travaux préparés avec soin; de ces loteries annuelles pour lesquelles on rivalisait de talent et d'habileté et dont le produit servait à soulager les indigents et les malades dans ces visites où Mademoiselle DESMARQUEST aimait à conduire ses enfants, pour les initier aux joies si pures et si vraies de la bienfaisance et de l'aumône. Piété, étude, formation de l'intelligence et du cœur, rien n'était négligé. On ne savait ce qu'il fallait le plus admirer, ou le dévouement intelligent des mères ou l'heureuse docilité des enfants.

Chacun raconte encore l'histoire du vieux Jean
Houlan et de sa misère consolée. Sa femme s'était
épuisée à le soigner; elle tombe malade à son tour;
les voilà tous deux condamnés à garder le lit, sans
ressources et dans l'impuissance de se rendre le
moindre service. Mademoiselle DESMARQUEST l'apprend. Vite, elle y court, enlève elle-même la paille
humide qui servait de couche à ces malheureux. Elle
les nettoie, panse les plaies que la malpropreté et la
misère avaient envenimées, les revêt de linge blanc;
puis, par anticipation à l'œuvre touchante si bien
organisée plus tard à la maison Cozette, elle fait préparer chez elle le modeste trousseau des pauvres gens
à qui l'on portait, chaque samedi, des vêtements et
du linge bien propre en échange de celui qu'ils
quittaient. La pauvre femme mourut bientôt, mais
heureuse et tranquille pour l'avenir de son vieux
compagnon; rien, en effet, jusqu'à son dernier jour,
ne manqua désormais à l'infirme resté seul et
abandonné.

Avec les inspirations d'un tel dévouement et les
ressources d'un pareil cœur, comment n'aurait-elle
pas réussi auprès de ses enfants? L'ouvrière maîtresse
des âmes, c'est toujours la bonté. Elle avait d'ailleurs,

avec la bonté, mille ressources naturelles ou acquises qui sont une puissance pour l'éducation. Appelée par un attrait irrésistible à l'œuvre de la jeunesse, elle avait porté toujours et partout le désir de se former à ce noble ministère. Personnes et choses, elle avait tout étudié dans ce but ; elle avait eu recours à tout pour s'y bien préparer, et, dans ce milieu choisi qui l'avait vue grandir, au contact de ces natures que la grâce rehaussait des plus riches trésors, sous l'impulsion d'une volonté énergique et l'influence d'une direction éclairée, ces aptitudes naturelles déjà si riches s'étaient développées comme par enchantement. Rien ne lui avait échappé dans l'administration si sagement combinée de l'éducation du Sacré - Cœur ; comme l'abeille industrieuse, elle avait religieusement recueilli la fine fleur et le suc le plus exquis de ces enseignements, et toute son œuvre consistera à disposer pour sa nouvelle famille cette ordonnance et ces traditions qui ont fait leurs preuves. Crespy, Gisors et Breteuil lui avaient apporté les précieuses leçons de l'expérience ; elle était préparée pour faire le bien sur un plus vaste théâtre, c'est Amiens qu'elle choisit, et pour ceux qui savent les difficultés de notre temps, il est certain

qu'elle y a rempli une grande mission, et qu'elle y a
établi une œuvre nécessaire : savant et harmonieux
ensemble de sagesse et de prudence, de piété et de
raison, qui s'est formé de longues études, de conseils
avidement recueillis, d'expériences longuement faites
et surtout de ferventes prières et d'héroïques vertus.

III.

C'Est en 1845 que la ville d'Amiens vit arriver
deux jeunes filles, sœurs par l'amitié, sœurs
par les aptitudes, sœurs surtout par le désir
de bien faire. On aime à remonter aux humbles ori-
gines de cette grande œuvre, et volontiers on redirait
les détails intimes de cette vie du berceau où la
nature et la grâce apportèrent leurs trésors... On
aimait, on priait, on travaillait ensemble sous le
regard de Dieu. Les enfants venaient nombreuses, la
famille s'agrandissait de plus en plus, tellement que
bientôt il fallut élargir l'enceinte devenue trop étroite.
Comment cette œuvre n'eût-elle point prospéré ?
Le dévouement des jeunes maîtresses s'appuyait sur
Dieu et on vit descendre, dans une chapelle aimée,
sur ces hauteurs encore désertes de Saint-Fuscien,

le Dieu qui disait : « Laissez venir à moi les petits
« enfants. »

Il était bon d'ailleurs d'appeler à soi Celui qui
console de tout... l'épreuve ne manque à aucune vie.
Elle vient quelquefois de ceux-mêmes qui ne la
voudraient pas, et nous savons avec quel déchirement
de l'âme Mademoiselle Desmarquest vit rompre des
liens du cœur qui n'eussent jamais dû être brisés.

Restée seule à son œuvre, elle redouble de zèle et
d'activité ; sachant se multiplier pour faire face à
tout.

« Nous nous efforcerons de répondre à la confiance
« des familles, écrivait-elle, en donnant à nos élèves
« une éducation conforme aux progrès de l'époque
« et aux convenances actuelles de la société. Le but
« que nous nous proposons, le seul que nous ayons
« le désir d'atteindre, c'est de former l'esprit et le
« cœur des jeunes personnes, de manière à en faire
« des femmes instruites et surtout vertueuses. »

Tous ceux qui l'ont vue à l'œuvre peuvent dire
avec quelle ardeur et quel succès elle poursuivait ce
but. Avec une intelligence qui n'avait d'égale que
son activité, elle donnait une impulsion continue

aux études de sa maison, s'ingéniant à chercher et trouvant toujours quelque nouvelle industrie pour animer l'ardeur de ses élèves ou soutenir le courage de ses maîtresses. Son tact exquis lui révélait les ressources et les aptitudes de chaque intelligence ; elle donnait à toutes leur direction et savait par un mot ouvrir une large voie pour des efforts et des succès nouveaux.

Tout devenait pour elle un moyen de formation ; les jeux, les récréations des grands jours n'avaient pas d'autre but. Les allégories dont elle avait toujours elle-même donné le plan, qu'elle avait perfectionnées et souvent appropriées aux besoins du pensionnat, étaient mieux qu'une distraction ; elles étaient une vraie leçon de morale. On garde encore le souvenir des *Deux Nacelles,* du *Rêve d'une jeune fille,* du *Lien des Nations,* de la *Révolte des Fleurs* et de tant d'autres, par lesquelles elle cherchait à faire comprendre à sa nombreuse et chère famille qu'il faut à la femme, dans quelque position qu'elle soit, pour trouver le bonheur en elle-même et le répandre autour d'elle, plus que les jouissances du plaisir, plus que les satisfactions de l'amour propre triomphant, il lui faut le conten-

tement que donne le devoir simplement et noblement rempli.

Et ces exercices ne lui servaient pas seulement pour
former le cœur, élever l'esprit : habile à profiter de
tout, elle en usait pour perfectionner l'accent, pour
donner aux enfants cette simplicité d'extérieur, cette
aisance de manières, cette distinction qui révèlent la
femme bien élevée; elle attirait leur attention sur
tout ce que la petite pièce offrait de gracieux et de
délicat, comme en d'autres circonstances elle savait
leur faire goûter et admirer ce que les œuvres de nos
grands maîtres, dans la littérature, renferment de
plus sublime. Elle avait su si bien analyser, si bien
faire comprendre toutes les beautés d'*Esther*, que les
enfants n'ont eu qu'à s'inspirer de ses sentiments,
dans leur appréciation justement admirée de ce
chef-d'œuvre de Racine. Et qui ne se rappelle les
beaux jours où l'on vit, à Breteuil et à Amiens, ses
jeunes filles, comme autrefois celles de Madame de
Maintenon, interpréter *Esther* et *Athalie*, de manière à flatter le poète lui-même? Elle décrivait si
bien le beau, le grand de quelque nature qu'il fût,
qu'elles n'avaient encore qu'à traduire ses im-
pressions et son enseignement dans ces mille études

qui, sous des formes diverses, touchent aux sujets les plus sérieux, les plus utiles et les plus délicats. Ce sont de fortes études historiques dont je ne puis qu'indiquer le titre : *Promenade dans l'antique Rome ; Les Pères de l'Eglise au IVᵉ siècle ; Parallèles entre César et Charlemagne, entre Jean le Bon et François Iᵉʳ; Grégoire VII et son pontificat; la Guerre de Cent ans; Blanche de Castille ; Jeanne d'Arc ; Marie Stuart ; Le XVIIᵉ siècle,* etc. Des travaux géographiques de premier mérite qui dénotent les connaissances les plus exactes et les plus variées : *Voyage à travers l'Océanie — à travers les fleuves de l'Amérique — le cours de la Seine — les Pyrénées — le Voyage pittoresque, industriel, commercial, agricole de la source du Rhin à son embouchure,* etc.

Les questions d'un petit frère qui amènent des réponses pleines de connaissances usuelles et de science pratique. Puis des pages de fine observation, d'esprit délicat, de sentiment gracieux et de vraie poésie : *Un intérieur, souvenirs d'Enfance — En famille et plus tard — Minuit — L'Incendie — L'Exilé — Le jour des Morts — La Fête Dieu — La première Communion — L'Angelus — Les*

Fleurs — Matin et soir — Le Journal d'une Pensionnaire, etc.

Des lettres qui portent à la famille les grandes nouvelles, les joies, les visites, les fêtes et aussi les deuils du pensionnat, etc... Des travaux pleins d'actualité, inspirations du moment, échos des sentiments du cœur, large part prise aux triomphes, aux angoisses, aux malheurs, aux espérances de ce qui ne doit être pour nous ni indifférent ni étranger : Les Amis, la Famille, la Cité, la France et l'Église. *Les derniers moments d'une Compagne — La Tombe d'une Amie — Les Souhaits de Fête.* — Au mois d'août 1859, c'est *Le Champ de bataille de Solferino.* — Plus tard, *Pimodan — Lamoricière et Pie IX.* — Puis, en 1870, *Les Adieux du Soldat — La Guerre — Nos Malheurs — Visite aux tombeaux des Victimes — Derniers moments à la Citadelle*, etc...

Des compositions pleines de verve et de joyeuse humeur : *L'Histoire d'un pupitre, racontée par une fée.— Le Tirage au sort — Les Paysans à la Foire — Les Mémoires d'une Boîte aux Lettres — Les Voyageurs de 1re, de 2e et de 3e classe. — Le Magasin d'antiquités — Les Souvenirs d'un Calendrier — La Fête du bon Papa*, etc...

Par cette simple nomenclature de sujets pris çà et
là dans les volumineux cahiers d'honneur de la Pension, il est facile de voir la richesse et la variété de
cet enseignement aussi sérieusement conçu que sagement distribué. Elle avait d'ailleurs le talent de
revêtir sa pensée d'une forme aisément tangible
et d'images parlantes ; les choses les plus sèches,
les plus ardues, les plus abstraites même, devenaient
intéressantes quand elle les enseignait.

Esprit organisateur, elle n'abandonnait rien à
l'imprévu dans la direction de sa maison. Toute
personne associée à un titre quelconque à son œuvre
recevait des instructions nettes et précises qui lui
marquaient bien les obligations de son état. Pour
faciliter les devoirs de chaque maîtresse, elle com-
posa un règlement particulier où se montre tout
entière sa vive sollicitude pour les enfants. « Quand
« vous hésitez sur la manière de remplir un devoir
« envers vos élèves, leur disait-elle, demandez-vous :
« si j'étais la mère de cette enfant, que ferais-je pour
« elle ? » Tous les vendredis, elle avait une confé-
rence sur les résultats de la semaine. C'est là surtout
qu'elle déversait les trésors de sa longue expérience
et qu'elle révélait son tact et son habileté. Elle savait

si bien, dans ces entretiens intimes, donner du
courage, de la confiance et faire aimer le devoir! On
acceptait tout avec reconnaissance, jusqu'aux repro-
ches qui venaient d'elle, car elle avait une manière si
délicate de les présenter que le regret de les avoir
mérités l'emportait sur tout autre sentiment. Chaque
soir, les renseignements les plus détaillés lui étaient
donnés sur la journée des enfants; aussi ne laissait-
elle personne s'attarder et s'oublier à ne rien faire.
Elle s'efforçait à enlever l'ennui qui s'attache à la
monotonie des exercices souvent répétés, et, par des
moyens d'émulation aussi variés que les ressources et
les inspirations de son cœur, elle mettait le travail en
haute estime et grand honneur! C'était une véritable
jouissance pour elle de faire entendre dans des
réunions intimes les petits chefs-d'œuvre de ses
classes, leurs essais les mieux réussis; on voyait là
plus que la femme capable de goûter et d'encourager
le vrai et le beau, on sentait la mère justement heureuse du succès de ses enfants. Elle les voulait si
parfaites pour le monde! Elle les désirait si accom-
plies pour Dieu! Aussi rien n'était négligé pour
donner à leur éducation ce quelque chose d'achevé
et de brillant qui fait la femme bien élevée.

Aux grâces de l'esprit et du cœur elle voulait, pour rehausser encore ces qualités vraiment supérieures, ajouter la distinction du langage, l'élégance des manières, une noble simplicité, de délicates attentions, une exquise urbanité, et elle n'était vraiment au comble de ses vœux que lorsqu'elle les voyait aussi aimables que vertueuses. Destinées à vivre dans la société, elles devaient s'efforcer d'acquérir tous les talents et tous les agréments extérieurs possibles ; Mademoiselle DESMARQUEST les y poussait avec cette énergie et cette ténacité qu'elle savait déployer toujours quand il s'agissait des intérêts de ses enfants. Sa vie si laborieuse, si prodigieusement remplie, ne lui avait point permis de cultiver les arts d'agrément, elle le regrettait vivement ; cependant personne ne savait mieux qu'elle les apprécier. Jamais un morceau de musique n'aurait été exécuté devant des étrangers sans qu'elle l'eût entendu d'abord ; toujours avec la plus aimable autorité, elle savait conseiller aux maîtresses d'adoucir, de ralentir ou de fortifier certains passages, pour les mettre en harmonie avec la poésie qu'elle ne savait pas moins bien faire valoir. A la fin de chaque trimestre, les études de dessin lui étaient présentées aussi bien que tous les ouvrages à l'aiguille et tous

les cahiers de chaque élève. Avec une dextérité et
une intuition particulières, elle jugeait le mérite de
chacune avec la même précision que les maîtresses
qui en étaient chargées directement. Elle voulait tout
voir par elle-même; elle était vraiment l'âme de
tout, et nous trouvons le secret de cette sollicitude
inquiète, embrassant même les choses en apparence
les plus minimes, dans cette maxime favorite : « Rien
n'est petit quand il s'agit d'éducation. »

Tout sous sa main devenait un instrument de
formation pour ses enfants ; elle déployait à leur service des ressources de délicatesses dont le cœur seul
d'une mère a le secret. Quelle vigilance inquiète !
Quel empressement à écarter de leur regard ou de
leur pensée tout ce qui, de près ou de loin, pouvait
heurter leur âme et jeter un nuage sur leur vie. Quel
tact et quelle habileté à leur inculquer le devoir sous
ses formes les plus simples et les plus pratiques, travail précieux qui préparait chaque jour, avec la
femme aimable et brillante, la véritable maîtresse de
maison. Quel ordre ! Quel goût ! Quelle riche
simplicité ! Quelle noble élégance ! Quel luxe de
propreté ! ! L'enfant n'avait qu'à ouvrir les yeux pour
prendre ces habitudes qui font les foyers aimés et les

intérieurs pleins de charmes. Au pensionnat, la
jeune élève avait déjà son petit ménage à tenir et sa
maison à gouverner. Et quand elle avait grandi,
qu'elle était devenue sérieuse, aimable et régulière,
on en faisait une Petite Mère pour partager auprès
de ses plus jeunes compagnes la sollicitude des
maîtresses. Ingénieuse et touchante institution qui
a porté bien des fruits et laissé de bien doux souvenirs !

La Religion tenait la grande place dans sa vie et
dans son œuvre ; et elle savait aussi bien enseigner
que pratiquer cette piété vraie qui prend sa source
dans une foi vive, dans un sentiment profond du
cœur ; qui s'appuie sur des pratiques, se conserve
par le recueillement et se nourrit par la prière. Avec
quel accent elle parlait de Dieu et du devoir chrétien dans ses entretiens du lundi et du samedi que
ses élèves n'oublieront jamais ! Elle ne laissait point
à d'autres le soin de préparer ses enfants à la première communion, et, pendant plus de six mois,
chaque année, elle se donnait à ce saint ministère
qu'elle appelait sa « douce joie ! » Il faudrait de
longues pages pour redire les industries de son zèle
à environner du plus grand prestige et à entourer

de charme et d'amour tout ce qui parlait de Dieu et
des choses saintes. Elle ne manquait aucune occasion, et, au besoin, elle savait même habilement les
ménager pour initier les âmes aux devoirs et aux
joies de la piété. Avec quel œil inquiet et avide du
bien elle suivait la retraite et les fêtes de la première
communion! Elle sentait si vivement le prix de ces
beaux jours qu'elle en recommandait à tous le
« succès. « Notre grande famille, écrivait-elle à une
« amie qui partait pour Paris, ne sera point oubliée
« à Notre-Dame-des-Victoires, n'est-ce pas? Et
« nos chères petites de la première communion!
« Demandez-y pour toutes délicatesse de conscience
« et bon esprit. » La première communion au pensionnat! Pour qui l'a vue une fois, il est impossible
d'oublier cette chapelle si gracieusement parée, le
bonheur des enfants, leur piété pleine de charmes,
les prières si bien dites, les chants si bien rendus,
les cantiques aussi harmonieux que riches d'à propos
et de poésie ; cette couronne de parents et d'amis,
les anciennes revenues nombreuses et retrouvant
les joies de leur passé... Vraie fête de famille qui
faisait aimer la Religion et où l'on se rencontrait
dans les mêmes sentiments de l'âme et du cœur. Et

au milieu de son cher petit monde, l'heureuse mère, délicieusement aimable pour tous, et avec autant de délicatesse que de modestie, reportant sur chacun le mérite d'une pareille journée qu'elle seule et Dieu avaient faite.

C'est là qu'on pouvait voir comment elle savait aimer et faire aimer Notre-Seigneur Jésus-Christ sur sa croix comme dans son tabernacle ; la sainte Vierge qu'elle se plaisait à invoquer sous les titres et les formes du culte le plus populaire ; saint Joseph, qu'elle priait avec tant de confiance et de bonheur ; les anges gardiens, dont elle partageait les pieuses sollicitudes ; les saintes patronnes du pensionnat, dont les fêtes étaient pour ses enfants et pour les pauvres l'occasion de tant de tendresse et de charité ; les âmes du purgatoire, pour qui elle faisait tant prier, surtout pendant le mois consacré à leur souvenir... Elle disait, elle aussi : « Les tombes abandonnées me font compassion » et rien ne saurait peindre sa sollicitude à garder et à faire garder le souvenir des élèves que la mort lui avait enlevées, comme cette réflexion d'une enfant à sa mère : « Oh ! que je suis heureuse de mourir élève de Made- « moiselle DESMARQUEST. Elle priera tant pour moi

« avec mes compagnes, et elle saura si bien vous
« consoler! » Il n'était point de sentiment délicat et
religieux qu'elle ne s'efforçât de développer avec
autant de tact que de zèle dans l'âme de ses enfants.
En la voyant à l'œuvre, je ne puis que lui appliquer
ces paroles de Fénelon : « Rien n'est si tendre, si
« ouvert, si vif, si doux, si aimable, si aimant qu'un
« cœur que l'amour de Dieu possède et anime. » Nul
ne peut se figurer ses soins pour les enfants, pour
toutes les personnes qui l'entouraient. On la voyait
bien souvent, exténuée de fatigue, courir encore au lit
d'une maîtresse souffrante, ne se reposant sur personne du soin de préparer les petites douceurs, qui
paraissaient d'ailleurs à toutes plus efficaces lorsqu'elles venaient de sa main. Elle pouvait répondre
à l'une de ses maîtresses : « Oh ! oui certainement,
« c'est tout à la fois un cœur de mère et d'amie que
« vous retrouvez ici; je vous remercie de le com-
« prendre déjà et de me fournir l'occasion de vous en
« donner une nouvelle assurance. » Elle partageait
vraiment leurs peines et leurs joies. « Continuez de
« jouir, de profiter, écrivait-elle, jamais vous n'aurez
« autant d'agrément que je vous en désire... Et à
une autre : « Pourquoi faut-il que ces quelques

« jours de vacances dont vous avez si grand besoin
« vous amènent peine et souffrances ! Je désirais,
« j'espérais tout autrement... Enfin patience et cou-
«᾿rage ! je vous suis du cœur. » Elle était bonne
jusqu'à disculper celles qui la délaissaient : «...Mais
« non, écrivait-elle, je m'oublie ; ce n'est point le
« manque d'affection, mais bien la faiblesse, l'entraî-
« nement qui rendent injustes ceux que nous devons
« encore plus plaindre que blâmer, que condamner
« surtout. Allez, ma pauvre amie, vous et moi nous
« avons le bon Dieu avec nous et pour nous, c'est
« l'essentiel. »

Avant que ses occupations fussent devenues trop
nombreuses, sa correspondance et ses relations aussi
étendues qu'elles l'ont été dans ses dernières années,
elle-même assistait au lever des enfants, elle allait et
venait dans les dortoirs, disant un mot affectueux,
encourageant à chacune, aux maîtresses aussi bien
qu'aux élèves : « Je sais bien, m'écrit une de celles
« qui la pleurent, que je n'avais jamais de cœur à
« l'ouvrage, lorsque je n'avais pu recevoir ce
« premier bonjour. » — « Cette année, écrivait une
« de ses enfants, elle a voulu nous donner un témoi-
« gnage de sa tendresse pour nous. Chaque soir, elle

« voulait nous voir passer une à une devant elle ;
« elle nous prenait la main, nous souhaitait une
« bonne nuit, s'inquiétait de notre santé et de celle
« de nos chers parents, et toujours un encourage-
« ment accompagnait les bons conseils que nous lui
« avions demandés. » — Jamais récréations n'étaient
plus gaies, plus animées que celles qu'elle présidait.
Personne comme elle ne savait organiser une fête,
inventer des plaisirs toujours nouveaux. Son imagination était encore aussi riche qu'à vingt ans. Elle
savait entraîner tout et obtenir des prodiges
quand il s'agissait de faire plaisir au cher petit
monde, comme elle disait. Rappelons seulement les
congés des 3o, des 40, les voyages improvisés, les
rondes brillantes, les jeux costumés, les tableaux
vivants, les charades en action, l'arbre de Noël avec
ses surprises, les lettres aux petites filles, les fêtes de
la sainte Catherine et les soirées offertes aux anciennes... C'était une vraie famille ; des mères intel-
ligentes et dévouées, des enfants qu'on rendait stu-
dieuses et sages en les rendant heureuses.

On la voyait, les soirs d'été, se promener avec les
enfants au jardin, le pensionnat tout entier l'entou-
rait, se pressait pour l'entendre : c'était à qui l'ap-

procherait de plus près. Elle seule ignorait le charme qu'elle répandait autour d'elle. Et depuis que ses occupations excessives l'avaient contrainte à se décharger sur d'autres de cette surveillance plus particulière, et à ne plus faire au milieu des enfants que des apparitions moins prolongées, elle semblait racheter cette privation par un redoublement de soins affectueux. Dieu lui-même semblait la dédommager des sacrifices qu'elle avait dû s'imposer (car elle aimait cette vie d'intimité avec les enfants) par une perspicacité plus grande, une prévoyance presque divinatoire. Elle était d'une justesse extraordinaire dans l'appréciation des caractères ; elle semblait deviner d'un seul coup d'œil tout ce qui se passait dans l'âme et l'esprit de chacune de ses élèves. Elle était née pour l'œuvre si difficile de l'éducation, et elle n'a jamais reculé devant rien de ce qui pouvait en assurer le succès.

Sa devise favorite était : l'abnégation, s'oublier soi-même pour ne penser qu'aux autres. Ce fut là aussi sa véritable force. Elle se plaçait avec une condescendance merveilleuse au point de vue de ceux avec qui elle s'entretenait, et savait avec une habileté inouïe revendiquer toujours les droits de la

vérité et du devoir, mais sans heurter, sans froisser
jamais. L'obstacle eût-il été insurmontable, elle
l'eût brisé, car si elle était naturellement douce et
désireuse de ne faire que des heureux, quand le
devoir avait parlé, elle demeurait ferme et in-
flexible ; sous une apparence frêle et délicate, elle
cachait une âme fortement trempée, et nous savons
combien on subissait facilement l'autorité si haute
de sa petite et modeste personne. Elle y mettait
d'ailleurs tant de tact, tant de bienveillance ! On la
voyait si intelligente et si bonne ! Elle savait si bien
prendre et circonvenir les avenues de la volonté et
du cœur qu'on se sentait peu à peu amené à ses
vues, ou au moins plein de respect pour tout ce
qu'elle aimait. Ses désirs étaient souvent prévenus
et ses recommandations religieusement observées.
Ses avis aux enfants étaient d'ailleurs marqués au
coin de la sagesse la plus pratique. Qui ne se rappelle ses conseils donnés à la veille des vacances ?
Elle ne prêchait pas seulement la piété envers Dieu,
mais encore la piété envers les parents, les égards,
les attentions pour tous, et dans la liste de visites
d'arrivée qu'elle traçait en quelque sorte à chacune,
elle plaçait toujours au premier rang les personnes

âgées de la famille et les morts : « Il ne faut oublier
« personne, disait-elle, mais surtout pensez à ceux
« qui vous ont aimées, et que le bon Dieu a ap-
« pelés à lui. »

Une recommandation toute spéciale leur était
faite aussi pour les vieux domestiques de la maison.
Mademoiselle Desmarquest, qui savait apprécier et
reconnaître tous les dévouements, devait chercher
naturellement à inspirer à son petit monde la reconnaissance pour les services rendus; aussi comme elle
jouissait, lorsqu'au retour des vacances, les parents
se montraient satisfaits, et avec quel bonheur elle
faisait inscrire au cahier des bons et précieux souvenirs les noms de celles que les familles avaient
félicitées. C'est ainsi qu'elle les apprenait à se faire
aimer de tous en faisant du bien à tous. Que de bons
conseils donnés aux enfants ! à celles surtout qui
devaient quitter la maison, échanger les devoirs si
faciles de la pension pour les devoirs plus sérieux de
la famille et du monde! Et quand on l'avait quittée,
son œuvre n'était point terminée encore; elle la
continuait longtemps, aussi longtemps qu'elle la
croyait utile et la voyait bien reçue. Aussi comme
on revenait à elle avec bonheur ! Comme le cœur

débordait ! Comme facilement on devenait poète
pour chanter le *Retour à Henriville !*

> Salut, riant séjour de mon adolescence,
> Asile vertueux parfumé d'innocence.
> Quand je reviens à toi, je reviens au bonheur,
> Et sens se ranimer les débris de mon cœur.
>
> . . . .
>
> Salut, vous qui gardez cet Éden de la terre ;
> Comme la branche au tronc, à vous ma vie adhère ;
> Avec vous le bonheur est de toute saison,
> Car toujours je le vois sourire à l'horizon.
>
> Salut, chères enfants, famille bien aimée,
> A l'aimable vertu par tant de soins formée.
> Me voici, je reviens partager vos douceurs,
> Vos ébats, vos travaux, vos ennuis et vos pleurs.
>
> Salut, bonheur, amour à tout ce qui respire
> Sous le toit fortuné que célèbre ma lyre.
> Henriville ! à ce mot, je sens mon cœur vibrer,
> Le présent me sourire, et ma voix soupirer.
>
> Salut, bosquets fleuris, votre fraîche parure
> Me parle d'espérance et de volupté pure ;
> Parfums de l'aubépine, encens des lauriers verts,
> C'est ici qu'est ma vie et tout mon univers.

Et près du lit funèbre de celle qui faisait le grand charme d'Henriville, on murmurait :

> Hélas ! doux sentiments, innocentes chimères,
> Mirages disparus, illusions trop chères,
> Dans ce riant séjour, pour moi vous n'êtes plus
> Que lointains souvenirs et regrets superflus !

On y avait goûté des joies si vraies ! On souhaitait volontiers le même bonheur pour ses enfants : « Mademoiselle et excellente Mère, écrivait une « ancienne, le bon Dieu m'a envoyé une petite fille ; « puis-je espérer qu'elle ait encore le bonheur d'être « élevée par vous ? »

Hélas ! que de ces espérances trompées ! que de regrets énoncés depuis sa mort ! Et quels regrets plus grands encore si elle n'avait laissé son œuvre pour continuer son dévouement et sa vie !

Après les fatigues d'une journée comme elle savait en fournir, elle passait de longues heures à s'entretenir avec ses Chères anciennes ; elle n'écrivait pas moins de douze lettres par jour. Pour connaître sa nature aimante et dévouée, il faudrait lire l'expression de ses sentiments dans leur abandon le plus sincère, dans leur forme spontanée et répondant à

l'effusion également confiante des cœurs qui s'ou-
vraient à elle. A en juger par celles qui nous ont
été confiées, ses lettres sont de vrais trésors ; sa belle
âme y respire tout entière avec ses sentiments pleins
de foi, de délicatesse et de cœur. D'une sensibilité
exquise et d'une bonté extrême, elle ne restait étran-
gère à rien de ce qui intéressait ceux qu'elle avait
connus. Elle avait le souvenir fidèle de tous les Chers
anniversaires, un mot redisait son bonheur et sa
délicate attention. Elle savait, par son attitude et
son sourire, doubler les joies dont on lui faisait la
confidence. Tel était le charme de son accueil qu'on
ne la quittait guère sans emporter la pensée que l'on
était de sa part l'objet d'une préférence marquée,
d'une sympathie toute particulière. Mais ses paroles
les plus tendres, ses attentions les plus dévouées
étaient pour celles que le malheur avait frappées :
« Puisque vous souffrez, ma chère amie, écrit-elle,
« je quitte tout pour venir à vous. » Que de larmes
séchées ! Que de douleurs consolées ! Le ciel, seul,
connaîtra jamais toutes les âmes qu'elle a relevées ;
il y avait dans sa parole je ne sais quel esprit de foi
et quel accent de sincère sympathie qui donnaient
force et courage : « Il est vrai, ma chère enfant,

« écrivait-elle encore, que cette pauvre vie est rem-
« plie d'amertumes. Il m'étonne que vous le com-
« preniez si tôt et si bien. Mais courage, confiance ;
« moi qui eus, vous le savez, une large part de dé-
« ceptions, de tribulations de tout genre, je me hâte
« de vous dire que la Providence est admirable pour
« ceux qui souffrent. Oh ! si je pouvais expliquer
« tout ce que je lui dois, tout ce que vous lui
« devrez aussi, surtout si vous mettez en elle toute
« votre confiance ! » — Y avait-il un écueil à indiquer, un mot charitable à dire, un cri d'alarme à
pousser, elle avait l'habileté de tout faire accepter.
Il n'était aucune plaie du cœur que sa main délicate
ne sût adoucir, et nous savons bien des vies qui se
trouvent solitaires et qui se croient abandonnées
après l'avoir perdue.

La bonté lui était toute naturelle comme le batte-
ment du cœur. Elle ne pouvait voir souffrir sans
souffrir elle-même et sans chercher à consoler. Et
ces sentiments si nobles et si délicats, elle s'efforçait
de les développer ; il n'y avait point de fête au pensionnat sans que les pauvres n'y eûssent leur large
part. « Nous avons laissé la campagne loin, bien
« loin, écrivait une enfant ; nous avons dit un

« joyeux adieu à la partie de bois, aux courses
« parmi les ruines afin de partager avec les pauvres
« des Petites-Sœurs. Ils sont venus, ces bons vieil-
« lards, passer plusieurs heures avec nous; ils
« aiment la jeunesse, sa gaieté les réjouit, ses
« ses jeux les amusent. Il fallait voir leurs figures
« épanouies, entendre leurs exclamations de joie !
« Comme ils sont reconnaissants ! On éprouve
« double plaisir à soulager ceux qui se souviennent.
« Pour les servir chez nous, à notre table, nous
« avons pris l'habit des Petites-Sœurs des pauvres.
« Notre petit uniforme n'était pas complet : une
« serviette remplaçait le bonnet et le bandeau, les
« tabliers faisaient l'office de voile, un peu lourd
« peut-être; mais qu'importe? Si notre vêtement
« n'approchait pas de celui des Petites-Sœurs, nous
« avons pris au moins un peu de leur abnégation
« et de leur amour pour les malheureux. En nous
« quittant, ils nous ont promis un souvenir dans
« leurs prières. A ceux qui avaient été l'objet de
« mes attentions, j'ai demandé de m'oublier un peu
« pour penser à ceux que j'aime, à vous, chers
« parents, car la prière du pauvre est toujours
« exaucée. »

Peut-on mieux dire tout ce qu'il y a de beau dans cette inspiration qui, à plusieurs reprises, amena pour la Sainte-Zoé, à la maison d'Henriville, les vieillards des Petites-Sœurs des pauvres? Faut-il rappeler ses attentions délicates pour les malades? Aussitôt qu'une enfant était retenue chez elle ou à l'infirmerie pour cause de santé, rien n'était oublié pour la soulager ou la distraire. Visites fréquentes, bonnes lettres, douceurs de toutes sortes, bouquets, images charmantes, livres, petites statuettes et autres bagatelles délicieuses charmaient les loisirs ou endormaient les ennuis de celle qui devenait sa préférée parce qu'elle était la moins heureuse. Ses domestiques recevaient également ses soins les plus empressés; au milieu de mille faits, rappelons son dévouement auprès du pauvre Henri Werner, ancien cocher du pensionnat. C'était pendant le choléra, au moment où tout le monde fuyait le fléau. Elle, au contraire, prenait son petit escalier et partait, sans rien dire, pour soigner les malades et consoler les mourants. Pauvre Henri! Sa femme peut dire encore s'il fut touché et reconnaissant! S'il ne retrouvait pas en sa maîtresse les attentions, la sollicitude d'une mère qui ne le quitta qu'à sa dernière demeure. Elle avait le culte des vieillards et les anciennes ont gardé le souvenir du vieux sacristain, aux bouquets légendaires, qu'elle assista durant de longues années, soigna elle-même et conduisit au cimetière.

Tout ce qui avait besoin de protection excitait sa profonde sensibilité. Elle n'aimait pas à voir contrarier mal à propos les petites élèves, désapprouvait hautement les agaceries qu'on se serait permises avec elles pour s'amuser, « car, disait-elle, la « moindre frayeur, l'appréhension la plus puérile « peuvent devenir pour de jeunes enfants des cha- « grins relativement aussi durs pour leur âge que « les plus grandes peines réelles des personnes d'un « âge avancé. » Quant aux étrangères qu'elle eut toujours nombreuses en sa maison, il n'est point de délicates attentions qu'elle n'ait inventées pour consoler ces pauvres enfants d'être privées de leurs familles et arrachées à leur pays. Aussi quel attachement et quelle reconnaissance dans ces jeunes filles qui retrouvaient auprès d'elle une famille et une mère ! Et si parfois pour dire leur gratitude l'expression juste manquait, le sentiment du cœur ne faisait jamais défaut, témoin ces paroles d'une

jeune Anglaise : « Merci, Mademoiselle, oh! je vous
« aime un grand morceau, un morceau grand
« comme le ciel. »

Lisait-elle dans les feuilles publiques le récit de
quelque événement tragique, elle en avait l'âme
attristée, et mettait sa famille en prières pour les
soldats blessés, pour les matelots naufragés, pour les
pauvres incendiés, même pour les malheureux condamnés à mort. Quelle âme et quels trésors du
cœur ! Quelle vie d'abnégation et de dévouement !
Que dire de sa patience, de sa résignation dans les
rudes épreuves qui l'ont atteinte ? Il fallait les yeux
d'une affection inquiète pour découvrir ce qu'elle
souffrait. Toujours bonne, toute prête encore à
obliger ceux qui lui brisaient le cœur, elle avait le
droit de dire ces paroles qu'elle a répétées mille
fois : « Ce qui me console dans mes grands cha-
« grins, c'est que Dieu me fait la grâce de n'en
« vouloir à personne. » Et sur son lit de mort elle
me répétait : « Dites-leur bien que je pardonne tout
« et que j'aime tout le monde. » Sublime recommandation qui donne la mesure de cette âme aussi
tendre que généreuse.

IV.

IL y avait cinquante-neuf ans que Mademoiselle
DESMARQUEST menait cette vie toute consacrée au
bien ; elle avait noblement fourni sa tâche et
répondu fidèlement à sa mission, Dieu la rappela à
Lui pour la récompenser. Depuis quelque temps ses
forces semblaient vouloir la trahir ; le travail lui
paraissait plus pénible, elle s'étonnait de ne pouvoir
plus tout ce qu'elle avait pu et, plus d'une fois, en
regardant devant elle, elle s'était demandé ce que lui
réservait l'avenir. Elle parlait volontiers d'une
petite maison qu'elle rêvait pleine de calme et de

repos, souvent visitée par ses « bonnes amies » et
d'où elle suivrait de l'œil et du cœur « son cher
petit monde. » Mais, sous les dehors joyeux qu'elle
affectait en parlant de ce rêve, on sentait l'accent
plein de larmes et de regrets, et parfois un mot
s'échappait qui déchirait et dévoilait son cœur :
« Oh ! qu'il m'en coûtera, écrivait-elle, de quitter
« cette chère petite chapelle que j'aime tant et
« tant ! »

Le bon Dieu lui épargna cette épreuve... Il voulut
la prendre à la tête de son cher petit monde, en
pleine action, au milieu de projets nouvellement
formés. La Purification devait être une grande
solennité au pensionnat, et ce jour-là on devait
fixer l'époque de la grande fête si longtemps projetée : la réunion de toutes les anciennes élèves de
l'établissement... Que celles qui liront ces pages
recueillent avec bonheur ce dernier souvenir d'un
cœur qui les aima toujours et qui les suivait
partout.

Dans la nuit du 24 janvier, la maladie vint sou-
daine et terrible... et dès le premier moment on vit
que le danger était réel. En quelques jours le mal
fit des progrès si rapides que la science elle-même,

au service d'un dévouement admirable, se prit à
trembler. Les souffrances étaient atroces et la pauvre
patiente dans une agitation extrême. L'espoir s'en
allait... l'illusion était à peine possible. La malade
elle-même se sentait frappée à mort. « Ma pauvre
« amie, disait-elle le lundi soir, où faut-il se voir
« réduite ! Moi qui avais si peur de la mort... je
« vais mourir... Enfin ! si c'est la volonté de Dieu,
« je me soumets. » Tout quitter ! et si vite. Il lui
fallut son grand esprit de foi et les secours de la
religion et de l'amitié chrétienne pour se faire peu à
peu à cette idée et accepter ce sacrifice. Mais jusque
dans l'expression de ses regrets on trouvait toujours
le même cœur et la même passion du bien : « Mon
Dieu, s'écriait-elle, je ne pourrai donc plus me dépenser pour ceux que j'aime ! » Elle non plus
n'aurait refusé ni la peine ni le labeur. Une visite
qui lui fut annoncée dans la journée du mardi lui
apporta, au milieu de ses souffrances toujours crois-
santes, une bien douce consolation. Monseigneur
l'évêque de Beauvais, de passage à Amiens, venait,
selon son ancienne et gracieuse habitude, visiter
celle qu'il avait connue enfant dans son diocèse ; et
le lendemain elle reçut la sainte Communion des

mains du vénérable prélat dont la haute bienveillance l'avait suivie partout dans sa longue carrière.
La journée ne lui laissa que quelques heures de
tranquillité ; la maladie s'aggrava d'une nouvelle
complication, les larmes seules ne répondaient que
trop aux questions inquiètes des nombreux amis
que sa maladie jetait dans la consternation. Pour
elle, tout entière aux pensées de la foi et aux souvenirs de son cœur, elle commença dès lors à s'entretenir avec le Bon Maître, comme elle l'appelait,
et à lui parler avec une ardeur que le feu de ses
souffrances rendait plus brûlante. Elle trouvait un
adoucissement à ses douleurs à redire le nom de ses
chers Saints, et à les prier dans des invocations
mille fois répétées. Elle couvrait de ses baisers le
crucifix de sa mère, relique deux fois précieuse pour
ceux qui la possèdent... De temps à autre un retour
de vie ardent empourprait son visage et illuminait
son regard. Elle semblait sortir d'un rêve et comprendre alors pour la première fois sa situation, des
larmes coulaient le long de ses joues et ses lèvres
murmuraient : Adieu. — Ou bien parfois une inquiétude, comme en connaissent les vrais serviteurs
de Dieu, venait affliger sa belle âme. C'était une

lutte terrible dans ce pauvre cœur. Quel supplice
pour ceux qui l'ont vue, en ces jours-là, sur son lit
de souffrances, véritable calvaire où tout la torturait...; la chère victime savait là encore s'oublier
pour ne penser qu'aux autres : « Oh! que je vous
« fais de peine! Ne pleurez pas... prions... que la
« sainte volonté de Dieu soit faite! Aidez-moi,
« aidez-moi à aller au ciel! Chères enfants! pauvres
« amies! » — « Mon Dieu, disait-elle encore, vous
« qui êtes si bon, n'envoyez jamais à d'autres cette
« affreuse maladie. » Elle se préoccupait des fatigues
qu'on s'imposait pour la soigner : « Moi qui avais à
« cœur de ne déranger personne et je mets tout le
« monde sur les dents! » Elle exigeait que chacun
prît son repos... Quelle reconnaissance pour les
moindres attentions qu'on lui témoignait! Quel sourire et quel regard plein de douceurs pour ceux qui
la servaient! Un soir elle souffrait beaucoup; un
moment la nature l'emporta et elle se plaignit. La
religieuse qui la veillait lui présenta son crucifix :
« Oh! merci! que cette croix me soulage! merci. »
Et quelques instants après : « Il faut être si pure
« pour aller au ciel! Des souffrances, mon Dieu, des
« souffrances pour que j'aille à vous! » La nuit du

jeudi, elle demanda elle-même à recevoir le sacre-
ment des malades. Les témoins de cette scène ne
l'oublieront jamais. Quelle foi ! Quelle humilité !
Quelle résignation parfaite ! Ses sœurs et ses maîtresses entouraient son lit. Tout le monde pleurait.
Elle dit en souriant : « Ne pleurez pas, vous êtes
« toutes autour de moi, j'en suis bien heureuse...
« Merci, je ne vous verrai plus demain, mais je
« n'oublierai jamais votre affection ni votre dévoue-
« ment, je vous aimerai toujours bien... Oh ! soyez
« toujours prêtes à paraître devant Dieu... voyez,
« nous pouvons si peu aux derniers moments. »
Puis elle demanda à rester seule avec le bon Dieu
pour ne plus parler qu'à Lui seul.

Le jour vint avec de nouvelles douleurs qui se
continuèrent et le dimanche et le lundi. Les prières
redoublaient pour elle de partout ; et le cœur, qui
croit si facilement à ce qu'il désire, nous donnait un
peu d'espoir... Douce et triste illusion ! Et puis nous
arrivions à une fête de la sainte Vierge, sa bonne
Mère n'aurait-elle pas pitié de nous ? Quelle joie de
la voir moins souffrante et moins abattue ! repre-
nant elle-même espoir et se rattachant à la vie ! Elle
voulut voir toutes ses maîtresses et retrouva pour

chacune son sourire et son mot délicat et gracieux.
C'était comme un rayon de joie dans cet intérieur si
assombri, et Dieu sait tout ce que l'on y promit
pour le jour de la guérison complète... On lui lut
l'interminable liste des visiteurs qui avaient fait
prendre de ses nouvelles, et en écoutant elle disait :
Oh ! que cela me fait bien ! merci... merci... »
Et comme on lui faisait remarquer que ses enfants
passaient pour aller prier saint Joseph à son intention : « Oh ! mon cher petit monde ! que je le recon-
« nais bien là ! Pauvres enfants !... Vous irez les
« remercier pour moi. »

L'après-midi fut calme, pleine de consolation
pour la malade. La paix et la confiance étaient revenues complètes dans son cœur et, dans son abandon à la Providence, elle souriait à tout ce que Dieu
demanderait d'elle. C'est en ce moment qu'une bénédiction spéciale, sollicitée auprès du Saint-Père par
une personne amie, vint remplir son cœur de joie et
le livrer aux plus douces émotions de la reconnaissance et de la piété. Mystérieuse et touchante attention de la Providence qui envoyait à cette âme, si
capable de l'apprécier, la consolation d'une si haute
sympathie. La pensée de ses enfants et de ses amis

ne l'occupa que pour la réjouir.... Elle était tout
entière aux souvenirs aimés ; il n'y avait, ce jour-là
pour son âme, que visions pleines de joie et d'en-
couragement, son regard avait retrouvé sa douceur,
ses lèvres leur sourire et sa physionomie son expression pleine d'affection et de bonheur. Le soir, cependant, elle s'effraya un instant de ce que la nuit
pouvait lui apporter de souffrances ; elle ajouta :
« Comme le bon Dieu voudra. » Quand la solitude
se fut faite un peu autour d'elle, elle se mit à prier
sa grande prière du soir. Elle en était si heureuse !
Lorsque je la vis fatiguée, je lui offris de dire le
chapelet pour elle et pendant qu'à genoux, près de
son lit, je priais à son intention, elle levait de temps
en temps vers le ciel les yeux et les mains, avec
l'expression de la foi la plus vive et du bonheur le
plus parfait. Elle m'arrêta un instant pour réciter
l'habituelle invocation de sa maladie : «Jésus, Marie,
« Joseph, assistez-moi dans ma dernière agonie. »
Elle ajouta : « Saint Joseph m'a tant protégée, il
« m'obtiendra une bonne mort ; je la lui demande
« depuis si longtemps... Oh ! le Ciel ! le Ciel ! » Et,
pendant qu'elle disait ces mots, son visage semblait
se transfigurer. Je me pris à avoir peur que la sainte

Vierge ne nous l'enlevât le jour même de la Purification. Il était onze heures du soir ; le médecin
arriva ; la malade l'attendait avec impatience, elle le
reçut avec effusion et bonheur, lui fit part de l'apai-
sement de ses souffrances, du mieux qu'elle ressentait,
des espérances auxquelles elle se rattachait... Mais
bientôt sa voix faiblit, elle garda le silence, faisant
signe qu'elle se sentait plus fatiguée et, après avoir
porté à ses lèvres le crucifix que ses mains ne quittaient plus, elle pencha la tête comme pour se reposer. Amené par je ne sais quel instinct et quel pressentiment secret, tout son cher monde était là... Elle
put le regarder et le voir une dernière fois.... puis
ses yeux se fermèrent comme pour le sommeil...
Bientôt une pâleur d'ivoire se répandit sur ses traits,
le voile de la mort parut sur son front et, sans
souffrance comme sans effort, elle rendit sa belle
âme à Dieu.

Il n'était point minuit encore...

Ainsi s'endormit dans la paix du Seigneur, le
jour même de la Purification de la sainte Vierge,
Mademoiselle Amable-Zoé DESMARQUEST, laissant à sa
« chère maison » l'appui que les Saints savent donner à leurs œuvres, à ses nombreux amis et à ses

enfants désolés le souvenir de son dévouement et de
ses bienfaits, à tous les exemples d'une vie pleine
d'œuvres et de mérites.

PENSÉES DES ÉLÈVES.

(EXTRAITS DE CAHIERS ET DE CORRESPONDANCES.)

.... Sans doute, elle avait mérité le repos ; mais nous avions tant besoin d'elle !

.... Sa tendresse nous rappelait celle de nos mères.

.... Notre unique consolation est de nous rappeler toutes ses actions, toutes ses paroles, tous ses conseils ; nous ne vivons plus pour ainsi dire que de nos souvenirs.

.... Dans quinze jours, nous serons à Pâques ; mais des vacances et des joies quand on pleure une mère !....

.... Elle nous a laissées à des cœurs formés par le sien et qui travaillent à nous rendre telles que notre chère absente désirait nous voir : la joie et la consolation de nos familles.

.... Comme elle savait nous rendre bien douce notre petite vie de pensionnaire !

.... Elle nous a tout donné, ses joies, son cœur, sa vie, et pour adieu suprême, ce rendez-vous au ciel, où elle reçoit sa récompense et où nous voulons la rejoindre.

.... Comme nous sommes reconnaissantes à cette
foule venue de tous côtés pour partager notre deuil
et rendre un dernier hommage à notre chère, à
notre bien aimée maîtresse.

.... Ma pauvre amie, quel jour et quel deuil! Je
ne savais pas qu'il fût si triste de perdre une mère!

.... Sa place vide et son prie-Dieu voilé de crêpe
me rappellent sans cesse l'étendue de notre malheur.

.... De quoi te parler, petite mère, d'Elle, d'Elle
encore, d'Elle toujours... Tu sais si elle nous aimait!
Qui nous rendra sa bonté? Je la pleure chaque jour

.... Elle nous appelait ses chers trésors... Tristes trésors sans elle !

.... Pauvre Henriville qu'elle remplissait des charmes de son cœur : comme je m'y trouve seule et désolée !

.... On nous dit qu'elle est au ciel : je le crois bien : Elle aimait tant le bon Dieu et ses enfants !

.... Nous passons des heures à rappeler nos souvenirs et à revoir des riens qui sont devenus pour nous des trésors et des reliques sans prix.

.... Ce ruban ! Elle l'a attaché elle-même ; soyez sans inquiétude, je serai sage ; je ne veux pas qu'on le détache jamais.

.... Oh ! la belle et la triste première communion que nous avons eue ! Elle seule y manquait... Mais elle seule, c'est beaucoup...

.... J'ai cueilli une fleur dans son jardin de Méaulte : je l'ai plantée ici... Elle vivra ; je l'appellerai : la fleur d'une mère.

.... En nous voyant passer, les paysans disaient : C'est le pèlerinage de Méaulte ; ce mot m'a fait plaisir... On ne va en pèlerinage qu'au tombeau des saints.

.... Oh ! les belles fleurs jetées sur sa tombe ! Elle les aimait tant ! Cette attention de ses enfants lui aura fait plaisir.

.... Ce petit coin de cimetière... qu'il est loin ! Nous l'y avons laissée avec regret !

CÉRÉMONIE DE MÉAULTE.

~~~~~~~~~~

L E Cinq Juillet 1875, jour de sainte Zoé,
patronne de Mademoiselle Desmarquest, a eu
lieu la bénédiction du Monument commé-
moratif érigé dans le cimetière de Méaulte.

La manifestation rappelait celle du jour des funérailles; il n'y manqua ni foules, ni regrets, ni hom-
mages ! Malgré les difficultés de route doublées
encore par une température défavorable, un convoi
nombreux partait d'Amiens à 6 h. 40 pour arriver
à Albert à 7 h. 42. Méaulte est à quelques kilo-
mètres de la station; le voyage était long surtout
pour les enfants. L'initiative d'un dévouement qui
sait se multiplier pour témoigner sa reconnaissance

envers Mademoiselle DESMARQUEST y pourvut, rien ne manqua pour transporter cette foule jusqu'à Méaulte, et c'était chose curieuse de voir échelonnée sur le chemin cette longue file de chars et de voitures regorgeant de monde.

A l'entrée du village, il est facile de voir que le pays tout entier s'associe au deuil général.

La première visite est pour la chère tombe qui disparaît bientôt sous une couche de fleurs nouées en bouquets ou tressées en couronnes. On se tait et on prie, on se regarde et on pleure, elle est là... Le saint Sacrifice est offert à plusieurs reprises par des prêtres nombreux qui la regrettent et la pleurent avec nous. L'église devenait trop étroite pour recevoir la foule qui grossissait toujours ; les élèves du pensionnat entouraient le catafalque drapé de blanc et couvert de fleurs, et grande fut l'émotion quand on les entendit chanter le *De profundis* pour Celle qui les a quittées ; on ne peut ni mieux sentir ni mieux dire. Il n'y avait dans toute l'assistance que mêmes sentiments et mêmes regrets ; aussi vit-on avec bonheur Monsieur l'abbé Godin monter en chaire, à l'issue de la messe, pour se faire l'interprète de ces sentiments et de ces regrets.

On sera heureux de lire plus loin quelques notes recueillies de cette parole qui fut véritablement un mot du cœur. Après avoir récité les invocations pieuses des élèves de Mademoiselle Zoé Desmarquest pour le repos de son âme, on se dirigea processionnellement au cimetière pour l'absoute. Il fait bon entendre la parole de l'Église qui relève et console ; et puis, sous ces monceaux de fleurs, la mort semblait moins triste et moins sombre ; on voyait sur ce marbre les emblêmes de la foi et, dominant cette tombe, le signe de la résurrection et de la vie.

Remerciements bien sincères au savant artiste qui a donné au monument de Mademoiselle Desmarquest ce cachet de haute distinction et de noble simplicité qu'elle sut si bien porter dans sa personne.

Avant de se séparer, il fallait adresser une prière à la sainte Vierge ; ce sont les enfants qui ont prié pour leur mère ; quel cantique et quelle prière ! hommage et tribut d'une affection aussi appréciée qu'éprouvée.....

On s'arrache à regret à cette prière et à cette tombe... On s'en console en allant voir ce qui fut son berceau, on visite la maison natale, on regarde, on interroge, on reforme son passé, on veut voir ce

qu'elle a tant aimé... Le petit jardin est vite dé-
pouillé de ses fleurs par des mains aussi pieuses
qu'avides ; chacun veut emporter un souvenir de
l'heureuse maison ; puissance mystérieuse du cœur
qui couronne de charmes et enrichit de trésors tout
ce qui a appartenu aux amis que nous pleurons !

Le temps s'écoulait vite ; il fallait reprendre le
chemin d'Albert.

Une dernière fois la famille entière vint s'age-
nouiller et prier sur la tombe de sa Mère... Et en
s'éloignant, chacun exprimait le même regret : La
quitter si tôt, et la laisser si loin !

Supra modum Mater mirabilis et bonorum memoriâ digna. — 2 MACC. VII. 20.

Voici une Mère vraiment admirable et digne de vivre dans le souvenir des gens de bien.

QUI POURRAIT dire mieux l'à-propos de ce texte que cette foule en deuil et ses immenses regrets ? Où trouver pour notre chère défunte un éloge plus éloquent que la reconnaissance de tous et le culte voué à son souvenir ? Il n'y a qu'une femme supérieure pour gagner ainsi les âmes et laisser derrière soi de si unanimes regrets. Des regrets et des larmes ! Serait-ce donc là notre unique ressource ? Oh ! non, la mort ne brise pas tous les liens ensemble, on vit encore sur la terre, au ciel on pourra se revoir... Bénie soit l'Eglise de Dieu qui jette ces espérances sur nos deuils et fait luire un rayon de joie dans nos jours assombris.... Elle était

du monde où rien ne demeure... Elle s'en est allée...
Pauvres enfants ! Famille en pleurs, amis désolés,
donnez-lui vos larmes et vos prières, couvrez-vous
de deuil, visitez-la en foules pressées sur sa couche
dernière, formez-lui un cortége de regrets et
d'honneur qu'Amiens n'oubliera jamais, amenez-la
au pied de la croix où repose sa mère, à côté d'une
enfant qu'Henriville a pleurée (1), demandez à
l'amitié ses plus dévoués efforts, à l'art ses plus
pures inspirations, à la reconnaissance de tous un
tribut nulle part refusé... Enfants, jetez sur sa tombe
des fleurs et des couronnes, pères de ces enfants,
dites-lui votre adieu, artiste et ami, dressez-lui un
monument digne d'elle et de vous, faites parler le
marbre, écrivez sur la pierre : « qu'elle a passé en
« faisant le bien... que sa mémoire ne périra jamais...
« qu'elle est pleurée, vénérée de tous... » Parlez,
écrivez, priez, pleurez... qu'aurez-vous fait, sinon
redit, avec l'éloquence du cœur, qu'elle fut : une
mère vraiment admirable et digne de vivre dans le
souvenir des gens de bien.

C'est le mot de cette pieuse manifestation.

Mademoiselle Amable-Zoé DESMARQUEST fut une

(1) Laure MOLLET.

mère pour l'enfance qu'elle *comprit*, qu'elle *aima* et qu'elle *servit* avec une intelligence, avec un amour et un dévouement admirables. *Supra modum Mater mirabilis*. Et vous avez raison de vouloir éterniser son souvenir ; les gens de bien lui garderont toujours la mémoire du cœur, *et bonorum memoriâ digna*.

L'enfance ! Grande puissance et grande faiblesse... riche trésor, puisque c'est tout l'avenir ; pauvreté et dénuement, puisqu'elle ne peut se suffire... L'enfance ! Il est bien peu d'âmes qui en comprennent le mystère, et ce n'est pas trop de l'intelligence, du cœur et de la foi, pour mesurer cet abîme de grandeur et de faiblesse.

La mère que vous pleurez eut l'intelligence complète de vos ressources et de vos besoins. Le ciel et la terre l'avaient si bien préparée à ce noble et difficile ministère de l'éducation ! Son enfance à elle avait été si bien comprise ! L'intelligence, la tendresse et la piété avaient pour ainsi dire rivalisé d'efforts pour la former. Est-il besoin de rappeler ici le nom de la grande chrétienne qui veilla sur son berceau ? Cette église et ce peuple ne parlent-ils pas encore de la sainte Madame Desmarquest ?

O souvenirs de la famille, qu'elle rappelait avec
tant de bonheur ! O visions du foyer domestique,
vous fûtes sa lumière et sa voie ! Image et vie de sa
sainte mère, vous avez été pour elle une révélation
dont l'enfance a bénéficié. Et voyez les attentions de la Providence pour la préparer à son
œuvre ; depuis son berceau jusqu'au seuil de la
maison qu'elle dirigea elle-même, toutes les activités
qui l'approchent, personnes et choses, tout semble
fait pour lui donner l'intelligence vraie et lui inspirer l'amour respectueux de l'enfance. Bien jeune
encore, elle quitte Méaulte et sa famille ; mais elle
ne laisse une mère que pour trouver d'autres
mères sous le toit du Sacré-Cœur, à Amiens et à
Beauvais. Elle y rencontrera (et la leçon sera comprise) des vies qui n'ont renoncé à tout que pour
se vouer à l'œuvre de l'éducation. Lui faut-il une
révélation plus complète encore de ce mystère de
l'enfance ; elle sera initiée aux joies et aux sacrifices
de la piété chrétienne, à la veille de sa première
communion, par un religieux qui est une des
gloires les plus pures et les plus vraies de notre
Picardie (1). Et elle ne se forme, elle ne grandit

(1) Le R. P. SELLIER.

qu'environnée partout des soins les plus intelligents
et les plus dévoués. Ne vous a-t-elle pas redit, elle-
même, son culte et pour le saint prêtre qui la
dirigea plus de trente ans, et pour la maison du
Sacré-Cœur qui fut pour elle une seconde famille,
et pour le souvenir de sa mère qu'elle pleura jusqu'au
dernier jour de sa vie ?

Après une si belle préparation, comment voulez-
vous qu'elle n'ait point compris l'enfance! Crespy
et Gisors, Breteuil et Amiens l'ont vue à l'œuvre
et redisent sa sollicitude, mêlée de respect pour ses
chères enfants. Vous pouviez lui confier vos chers
trésors, pères et mères, vous saviez avec quelle
religieuse et intelligente attention ils étaient gardés.
Elle comprend si bien tout ce qu'il y a de grandeurs
sous cette frêle enveloppe et sous ces dehors si humbles. L'enfance, pour elle, c'est une intelligence à
éclairer, une pensée à illuminer, des horizons de
lumière et de vérité à ouvrir... C'est un cœur à
former, cette grande chose que le ciel et la terre se
disputeront, des affections nobles à développer, de
généreux sentiments à éveiller et à affermir... C'est
une volonté à diriger vers le bien , à tremper
d'énergie et de courage... C'est une âme à sanctifier

et à préparer pour les luttes de la vie... C'est un avenir qui sera l'honneur ou la honte, la joie ou le deuil de la famille, de la cité, du pays, de l'Eglise... Aussi avec quelle maternelle anxiété elle se pose à elle-même la question de toutes les mères : Que deviendra cette enfant? *Quis putas puer iste erit?* Etude des maîtres de l'éducation,... Expérience de ses aînées, lumières des associées de son dévouement, conseils demandés, réflexions personnelles, elle ne néglige rien pour connaître ses enfants; leur vie est sa vie; elle veut savoir les dons de leur intelligence, le mot de leur cœur, l'énergie de leur volonté, les ressources et les besoins de leur nature... Rien ne lui échappe; un mot, un geste, un regard, une attitude, un maintien... Tout devient pour elle une révélation, et elle étudie si bien ce monde multiple et varié qu'elle étonne les mères elles-mêmes par la perspicacité de son regard et la justesse de ses appréciations. Il est des choses que le cœur seul devine; elle a de ces intuitions du cœur qui ne trompent pas. Comme elle voit, comme elle sent vivement les faiblesses et les pauvretés de l'enfance! Avec quelle sollicitude compatissante elle s'approche de ces âmes si frêles qui ne peuvent s'élever et grandir que soutenues et appuyées. Et l'intelligence que lui donnent de l'enfance son esprit et son cœur est grandie encore par les lumières de sa foi et de sa piété. C'est ainsi qu'elle a compris votre enfance, Mesdames, et à l'heure où je vous parle de ce respect de l'âme et de cette intuition du cœur, votre émotion et vos larmes me disent : Vous avez raison, Mademoiselle DESMARQUEST nous a bien comprises, mieux encore, elle nous a aimées, et de quelle affection !

Il est des mots qui révèlent toute une vie. Est-ce qu'elle n'a pas mis toute son âme dans cette appellation si affectueuse que je retrouve et que j'entends toutes les fois qu'elle parle de vous : *Mon cher petit monde ?* Quelle suavité, quelle tendresse et quelle douceur ! C'est la bonté qui sourit et le respect qui adore; c'est l'œil qui protége et le cœur qui grandit; c'est la main qui soutient et le mot qui encourage; c'est le cri de l'âme, ardent comme l'affection, vif, épanoui comme la joie, pur comme l'amour d'une mère, vrai comme l'accent du cœur... Vous étiez bien en effet son cher petit monde à elle, le monde de sa pensée, de son affection, de sa prière et de son labeur, de son orgueil et de sa joie, de ses

larmes aussi, de ses tristesses, de ses deuils — et elle
pouvait dire à son tour :

« C'est ici qu'est ma vie et tout mon univers. »

Son cher petit monde, comme elle l'aimait! Et
comme elle savait lui dire son affection aussi intelligente que dévouée! Comme elle penchait avec amour
son âme et son cœur sur toutes ces vies qui s'ou-
vraient et s'épanouissaient sous son regard! Quel
tact pour deviner les besoins! Quelle délicatesse pour
aller au-devant des désirs ! Vous rappellerai-je
son sourire toujours gracieux... sa condescendance à
vous écouter... son bonheur à vous rendre heureuses... la large part qu'elle prenait à vos chagrins
et à vos deuils?... Vous dirai-je ces mots du cœur,
ces attentions exquises, ce regard qui épiait votre
réveil, cette parole qui applaudissait à vos travaux,
cette joie qui animait vos ébats, ce mot du soir qui
berçait votre sommeil?.... Ah! je désespère de faire
comprendre à ceux qui ne l'ont point connue, cette
physionomie si douce, cette figure toujours sou-
riante et délicieusement aimable, mélange de
gracieuse distinction et de charmante modestie,
bonne, souverainement bonne, on a dit jusqu'à la
faiblesse... Sage et puissante faiblesse qui ne sem-

blait parfois se courber et plier que pour mieux étreindre et mieux relever ! Sur sa tombe, vous l'avez dit avec un cœur capable de comprendre le sien : « Quand nos enfants nous quittaient, elles « trouvaient chez elle un nouveau foyer : leur digne « institutrice avait pris à tâche de remplacer la mère « de famille. « Véritable mère ! Oui, elle l'était pour ses enfants. Elle les aimait comme sa mère l'avait aimée ; elle les aimait jusqu'à vouloir en faire des perfections pour Dieu et pour le monde... Et dans sa grande famille il n'y avait ni oubliées, ni délaissées. Les absentes recevaient de précieuses missives ; les malades, des visites souvent renouvelées ; celles qui l'avaient quittée pour l'autre vie, ses larmes et ses prières... Véritable Chrétienne, elle savait que la grande ouvrière des âmes c'est toujours la bonté, et elle semait le bien à force d'affection et de tendresse.

Mesdames, les aînées de la famille, vous qu'elle appelait « ses chères anciennes, » ressuscitez votre passé et redites avec nous : « O beauté sans égale ! O charme sans pareil d'une éducation reçue sous ce doux et puissant empire de l'amour ! Quand on vous a connue, comment faire pour vous oublier ? Ah ! nous avons beau vieillir ; elle ne vieillit pas : au

milieu de tant de choses qui meurent en nous pour
ne plus refleurir, elle semble renouveler au fond de
nos souvenirs ce printemps de la vie qui nous
charme encore par des parfums venus de si loin ! Et
à mesure que nos jours emportent une à une toutes
nos illusions, nous aimons à rappeler sur notre
présent devenu austère, un reflet de ces jours les
plus charmants de tous nos jours. Ah ! ces jours
heureux, qui vous les a faits ? Ce culte, qui vous l'a
inspiré ? Le paganisme avait un mot pour exprimer
le secret de l'affection humaine : Sachez aimer.
Nous, chrétiens, nous en avons un autre : Si vous
voulez être aimé, sachez vous oublier. Si elle s'ou-
bliait pour ses enfants, vous le savez. Elle pouvait
vous dire dans le grand langage de Corneille :

.... Je vous aime
Beaucoup moins que mon Dieu, mais bien plus que moi-même.

Aimer, c'est se dévouer. Aussi avec quel dévouement elle a servi l'enfance ! L'éducation ne se fait
pas sans qu'il en coûte. C'est un rude labeur qui a
ses difficultés et ses tourments, c'est un ministère
éprouvé comme le bien, inquiet comme la sollicitude, tremblant comme le zèle, torturé comme
l'affection, incompris parfois, subi et mal accepté.

La nature humaine est un champ difficile à cultiver ; il y a des oppositions à vaincre, des inerties
à secouer, des obstacles à lever. Et quand ce travail
dure quarante ans, l'imagination se perd à calculer
tout ce qu'il a fallu de force, d'énergie, d'abnégation, de sacrifice et de dévouement. L'auteur de
l'*Imitation* a dit quelque part : Un bon supérieur
est toujours « sur la croix. » *Optimus superior per-
petuus crucifixus.* Et d'ailleurs c'est la loi du bien :
il ne se fait grand et durable que sur le Calvaire...
Son Calvaire ! Le dresserai-je devant vous ? Il vous
épouvanterait... Qu'il vous suffise de savoir que
pour vous aimer et vous faire du bien, elle accepta
tout, même les déchirements du cœur et le martyre
de la souffrance... Ah ! vivez en paix, cher petit
monde d'Henriville, fleurs transplantées dans ce
jardin visité souvent par Celui qu'elle appelait si
bien : « Le Bon Maître. » Croissez sous son regard,
épanouissez-vous au soleil de sa bonté, grandissez à
l'ombre de son amour, ne craignez ni les vents ni
les orages... Enfants, courbez vos âmes sous cette
main aussi délicate que puissante à vous embellir,
ouvrez vos vies à la vérité, à la lumière, au bien...
Couronnez-vous d'innocence et de mérites. Montez

ce chemin qui vous est tracé, gravissez cette montagne de la vertu et du devoir. N'ayez peur ni des embûches ni des ennemis ; soyez sans inquiétude ; on veille, on prie, on travaille, on souffre, on meurt pour vous... Vous avez ici une mère et quelle mère ! Elle n'exprimera, en mourant, qu'un regret, celui de ne pouvoir plus vous servir : « Je ne pourrai « donc plus me dépenser pour ceux que j'aime ! » Redisons qu'elle fut une mère vraiment admirable et digne de vivre dans le souvenir des gens de bien qui désormais prieront pour elle, rediront ses œuvres et imiteront sa vie, *et bonorum memoriâ digna.* La prière ! En a-t-elle encore besoin ? Elle a tant fait, et tant souffert ! Mais enfin les chemins du monde ont leur poussière et la justice de Dieu ses abîmes insondables... Elle le disait : « Il faut être si « pur pour aller au ciel ! » Vous n'oublierez pas auprès de Dieu celle qui vous a tant recommandé le souvenir des morts ; vous parlerez d'elle à la Vierge sainte qu'elle a tant aimée, à saint Joseph qu'elle a tant prié, aux anges du ciel qu'elle a si souvent invoqués. Prière intime et prière publique, cri de l'âme et soupir du cœur, prière de nos larmes et de nos œuvres, prière du sacrifice et de l'immolation d'un Dieu. Nous ne lui refuserons rien ; ce sera comme un immense concert de supplications qui s'élèvera de toutes les plages du monde et de tous les chemins de la vie sur lesquels sont jetés ses enfants et ses amis. Et comme nous ne pouvons plus la voir, nous chercherons une consolation dans le plaisir d'en parler. Pasteur de cette église, nous avons eu le bonheur, l'un et l'autre, de recevoir le dernier soupir d'une sainte : vous avez béni la mère, j'ai consolé et admiré la fille, j'ai vu son agonie, je sais comment meurent les saints. Ah ! qu'il fait bon rencontrer de ces grandes âmes ! Au contact de ces vies et de ces morts, on apprend à mieux vivre et on se prépare à bien mourir. Nous redirons leurs œuvres, leur vie et leur douce mort. Et vous, ses enfants, vous parlerez de son grand esprit de foi et de sa solide piété, de sa modestie et de sa douceur, de sa grande droiture et de son exquise délicatesse, de sa bonté pour tous, et de son bonheur à faire du bien... Vous parlerez de ses sages conseils et de sa maternelle direction, de son dévouement sans bornes et de son étude à s'oublier toujours pour ne penser qu'à vous. Vous redirez enfin cet amour immense qui a enveloppé votre vie et qui la protége encore,

puisqu'elle vous donne, pour vous garder, de nouveaux dévouements et de nouvelles mères.

Ces souvenirs, vous les évoquerez surtout comme
des leçons à suivre et des exemples à imiter. Ils
seront, au milieu de vos jours et de vos épreuves,
une sauvegarde et une protection. Et nous tous, sur
cette tombe qui renferme tant de trésors, nous ap-
prendrons à vivre d'abnégation, de foi, de devoir,
de sacrifice et de générosité ; vie saintement chrétienne, riche en travaux et en mérites devant Dieu
et devant les hommes.

Il y a un an, à pareil jour, nous parlions de fête...
le 5 juillet... la Sainte-Zoé... et aujourd'hui c'est le
deuil... O mère de ces enfants, nous vous parlions du
temps, et vous êtes dans votre éternité ; nous vous
parlions de la terre, et vous avez vu le ciel... pour
nous c'était la joie, et c'est la tristesse ; c'était la vie,
et c'est la mort... Oh ! douleur ! oh ! larmes ! oh !
regrets ! Disons plutôt la parole de l'espérance et
de la foi ; le mot qui sèche les larmes et fait penser
au revoir et au ciel : *Requiescat in pace.* Reposez
en paix, à l'ombre de cette vieille église qui vous
rappelait tant de souvenirs, sous les yeux de ce
peuple dont vous êtes l'honneur et la gloire, auprès

de votre sainte mère qui vous a revue déjà, comme nous vous reverrons un jour... Reposez en paix sous ce marbre qui redit et l'inspiration de l'art et le mot du cœur... Sous ces fleurs et ces couronnes, frêle et éphémère symbole d'une affection qui ne se fanera pas... sous les regrets de vos amis, sous les bénédictions des pères et des mères, sous les larmes des enfants, reposez en paix sous le regard de Dieu et la reconnaissance des hommes. Vous avez été pour l'enfance une mère vraiment admirable et vous vivrez dans le souvenir des gens de bien. *Mater supra modum mirabilis et bonorum memoriâ digna.*

MONUMENT DE MÉAULTE

D O M

DESMARQUEST

CI·SELEVR·ET·SES·AMIS

A·TRANSIT·BN·FACIENDO·

LITH JEUNET AMIENS

LISTE

DES SOUSCRIPTEURS

Madame   ASSELIN.

Monsieur   BARBIER-DELAFOSSE.
Mademoiselle BARBIER, Fanny.
Madame   BEAUVAIS, née Marie THOREL.
Madame   BELLARD-DELARCHE.
Madame   BENOIT, née Marie LESUEUR.
Madame   BERLY, née Félicie LABBÉ.
Mademoiselle BERTHE, Juliette.
Mademoiselle BERTIN, Eugénie.
Mademoiselle BERTIN, Louise.
Madame   BEUTTENMULLER, née Octavie BRENNER.
Madame   BLONDEL, née Marie JOURNEL.
Madame   BORDIER, née Eugénie HONLET.

Madame BOSSIÈRE, née Cécile BIDRON.
Madame BOTTET, née Jenny CAUMARTIN.
Madame BOULLANGER, Aristide.
Mademoiselle BOULLY, Louise.
Madame BOUZARD, née Céline MOLLET.
Madame BRAGGIOTTI.
Mademoiselle BRAGGIOTTI, Augusta.
Mademoiselle BRAGGIOTTI, Alberta.
Mademoiselle BRAGGIOTTI, Malvina.
Mademoiselle BRAGGIOTTI, Mathilda.
Madame BRIET, née Marie LEFEBVRE.
Madame BROSSETTE, née Augustine THOMAS.
Madame BRUNET, née Isaline DUPONT.

Mademoiselle CAILLY, Marie.
Mademoiselle CAPRÈS, Eugénie.
Madame CARLIER, née Alice ROLLAND.
Madame CARON, née Céline LESAGE.
Madame CARON, née Maria COURTILLIER.
Madame CARPENTIER, née Hortensia GRIGNON.
Mademoiselle CARPEZA, Juliette.
Madame CAUCHEMONT, née Juliette LEDIEU.
Madame CAUSTIER, née Héloïse MORVILLEZ.
Madame CAVILLIER-LUNEAU.
Madame CLARÉ, née Ernestine DEROUSSENT.
Madame COCHINAL, née Alphonsine DUVAL.
Mademoiselle CORNIQUET, Amélia.
Madame CRIGNON, née Zélie SENENTE.

Madame   CROIZILLE, née Maria DELAROUZÉE.
Madame   CURMER, née Nathalie DAULLÉ.

Mademoiselle DABOVAL, Oscarine.
Monsieur et Madame DARRAS-VILLOMONT.
Mademoiselle DE BANCENEL, Caroline.
Madame   DEBRAY-DESMARQUEST.
Mademoiselle DEBRAY, Léontine.
Mademoiselle DEBRAY, Zoé.
Madame   DE BUSSCHER, née Léonie PRIEUR.
Mademoiselle DE BUSSCHER, Mathilde.
Madame   DECAUX, née Marie RANÇON.
Madame   DEGAND, née Sophie SANTERNE.
Madame   DELABY, née Noémie LECLERCQ.
Madame   DELAFORGE, née Zoé LEDIEU.
Madame   DELAFOSSE, née Berthe LÉGER.
Madame   DELAMOTTE, née Aurélie BOUCHER.
Madame   DELAPORTE, née Maria LÉGER.
Mademoiselle DELASSAUT, Zélie.
Mademoiselle DELATTRE, Julienne.
Madame   DELATTRE, née Sylvie LENOËL.
Madame   DELGOVE.
Monsieur   DELGOVE.
Mademoiselle DELGOVE, Élise.
Madame   DELORME, née Victoire LECOINTE.
Mademoiselle DELZANT, Émilie.
Madame   DEMASURE, née Antoinette HATTÉ.
Madame   DENEUX.

Mademoiselle DERAY, Célestine.
Mademoiselle DERAY, Émilienne.
Madame   DESMARQUEST, Auguste, d'Amiens.
Madame   DESMARQUEST, Ern., née Germaine LÉGER..
Madame   DESMARQUEST, Paul, née Marie PIETTRE.
Madame   DESMOLLIENS, née Maria MAGNIEZ.
Mademoiselle DEVIENNE.
Madame   DEVILLERS.
Mademoiselle DEWAILLY, Marie.
Monsieur   D'HALLU, l'abbé.
Mademoiselle DHAVERNAS, Eugénie.
Madame   DIJON, née Olympe GRIMAUX.
Madame   DOBELLE.
Mademoiselle DOBELLE, Eugénie.
Madame   DOUCET, née Eugénie QUÉLIN.
Mademoiselle DUEZ, Pauline.
Mademoiselle DUFLOT, Céline.
Madame   DUPONT, née Louise BLAVET.
Madame   DUPUIS, née Juliette FACQUET.
Madame   DUTHOIT, née Esther PAILLAT.

Madame   FAUVEL, née Aimée JOSSE.
Madame   FAVRIN, Alfred.
Madame   FOLLET, née Félicie BOCQUET.
Mademoiselle FOLLYE, Augusta.
Madame   FOURDRINIER, née Claire DAVAUX.
Mademoiselle FOURDRINOY, Berthe.
Mademoiselle FRÉNOY, Clémentine.

Monsieur GADOUX, l'abbé.
Madame GAFFEZ.
Madame GAMOUNET, née HÉLÈNE DEVILLERS.
Monsieur GAND, ÉDOUARD.
Mademoiselle GAUTHIER, JULIETTE.
Mademoiselle GAUTHIER, LOUISE.
Mademoiselle GAUTHIER, EUGÉNIE.
Monsieur GODIN, l'abbé.
Mademoiselle GODOT, ADOLPHINE.
Mademoiselle GOSSUIN, FÉLICIE.
Monsieur GRAUX, l'abbé.
Madame GUIBET.

Mademoiselle HARDIER, EMMA.
Madame HAROUEL, née MARIA LABESSE.
Madame HENOCQ, née MARIE GAUTHIER.
Madame HENRY, née ADÉLAÏDE CAGNARD.
Madame HONLET, née JOSÉPHINE BATONNIER.
Mademoiselle HONLET, VALENTINE.
Madame HORDÉ, née EMMA DESMARQUEST.
Mademoiselle HORDÉ, BERTHE.

Mademoiselle IGIER, JEANNE.

Madame JEUNET.
Monsieur JOURDAIN, l'abbé.
Monsieur JOYCE DE NORMANVILLE.

Monsieur   LABESSE, Charles.
Madame   LABITTE, née Célina BOISGE.
Madame   LACAILLE, née Amélie CHAUMETTE.
Mademoiselle LACHAUSSÉE, Valentine.
Mademoiselle LADENT, Suzanne.
Mademoiselle LADENT, Marguerite.
Madame   LANDRIEU.
Monsieur   LECLERCQ DE LA VACQUERIE.
Madame   LECLERCQ-CHAUMETTE.
Madame   LECOCQ, née Eugénie DÉCROIX.
Mademoiselle LECOMTE, Laure.
Mademoiselle LEFEBVRE, Caroline.
Madame   LÉGER, née Céline DESJARDINS.
Madame   LEGRAND, née Armantine BARBET.
Madame   LELIÈVRE, née Hélène GONTHIER.
Madame   LELONG.
Mademoiselle LEMORT, Émilie.
Madame   LENGLET, née Marcelle LABBÉ.
Mademoiselle LEROUX, Marie.
Mademoiselle LEROY, Marie.
Madame   LEVALLOIS, née Marie FEUILLOY.
Madame   LEVASSEUR, née Charlotte FEUILLOY.

Madame   MACDONNAL.
Monsieur   MACDONNAL.
Madame   MACQUE, née Emma DAULLÉ.
Mademoiselle MACQUERON, Fanny.

Madame   MADER, née Maria ORIGHETTI.
Mademoiselle MALLET, Elise.
Monsieur   MANESSIER, Albert.
Madame   MANIER, née Fanny DESJARDINS.
Mademoiselle MARCHAND, Marie.
Mademoiselle MARCHAND, Berthe.
Mademoiselle MARCHANT, Eugénie.
Madame   MARÉCHAL, née Aurore MARÉCHAL.
Madame   MARQUIS, née Pauline DELAYENS.
Madame   MATIFAS, née Célina DELACOURT.
Madame   MERCIER, née Marie FIQUET.
Monsieur   MEURISSE-MASSE.
Madame   MILLE, née Eléonore HARLAY.
Mademoiselle MORVILLEZ, Nathalie.
Madame   MOURET, née Eugénie CARPENTIER.

Madame   ONFROY, née Berthe GUIBET.

Madame   PAILLAT-PORION.
Mademoiselle PARIS, Sidonie.
Madame   PATE, née Mathilde TIMON.
Madame   PAYEN, née Athénaïse FROMENT.
Madame   PETIT, née Angletine MAGNIEZ.
Monsieur   PEULEVÉ, docteur.
Madame   PICQ, née Isabelle FÉVEZ.
Mademoiselle PIE, Hortense.
Madame   PLÉ, née Noémie BIZET.

Mademoiselle PLÉ, Rose.
Madame   POINTIN, née Léonie DESAINT.
Madame   POIRET, née Jeanne ANDRIEU.
Mademoiselle POITOU, Céline.
Madame   POLLART, née Marie GAMBIER.
Madame   POLLET-MACHART.
Madame   POULET, née Héléna GOSSART.
Madame   PRÉVOST, née Malvina BOULOGNE.

Madame   QUILLART, née Elisabeth BIENAIMÉ.

Madame   RANDON-HURACHE.
Madame   RAYEZ, née Lucie RANDON.
Madame   RICARD, née Angélina LIÉTARD.
Madame   RIQUIER-GAMOUNET.
Mademoiselle ROGEZ, Armance.
Mademoiselle ROGEZ, Charlotte.
Madame   ROGEZ, née Olia DOURNEL.
Mademoiselle ROY, Amélie.

Madame   SAMAIN, née Céline CAILLY.
Madame   SANGNIER, née Eugénie BERNEUIL.
Madame   SCELLES, née Jeanne DÈCLE.
Mademoiselle SPÉRY, Clarisse.
Madame   SOUFFLET, née Julie SAVARY.
Mademoiselle STORZ, Adèle.
Mademoiselle STORZ, Honorine.
Madame   SURMAY, née Eugénie MOREL.

Mademoiselle TATTEGRAIN, Adélaïde.
Mademoiselle TATTEGRAIN, Elisabeth.
Madame THÉRY, née Coralie AMAS.
Mademoiselle THIERRY, Marie.
Madame THOMAS, Auguste, née Ernestine DUPUIS.
Monsieur THOMAS-DARRAS.
Monsieur THOMAS, Pierre.
Madame THOMAS. Eug., née Félicie DIZENGREMEL.
Madame THUILLIER, née Pauline DELZANT.
Mademoiselle TILLIER, Marie.
Madame TILLOY.
Madame TIMON, Marie, Sœur Marie DE LA CROIX.
Madame TIVIER, née Elise BELDAME.
Mademoiselle TOULMONDE, Julie.
Madame TOULET.
Monsieur TOULET.
Mademoiselle TOULET, Céleste.
Mademoiselle TOULET, Louise.
Monsieur TRAULLÉ, l'abbé.

Madame VACONSSIN, née Félicité CAUDRILLIER.
Madame VACONSSIN, née Clotilde VACONSSIN.
Madame VACOSSIN, née Rosa DALLIER.
Madame VACOSSIN, née Valentine DUMETS.
Mademoiselle VAILLANT, Léontine.
Mademoiselle VASSELLE, Marthe.
Mademoiselle VASSELLE, Elisabeth.
Mademoiselle VÉRET, Léonie.
Madame VIDAILLET, née Eugénie HORDÉ.

Mademoiselle BAEY, Blanche.
Mademoiselle BARBIER, Berthe.
Mademoiselle BARBIER, Marthe.
Mademoiselle BATONNIER, Jeanne.
Mademoiselle BEAUVAIS, Emma.
Mademoiselle BELLARD, Jeanne.
Mademoiselle BIBET, Amélie.
Mademoiselle BIBET, Charlotte.
Mademoiselle BIZET, Valérie.
Mademoiselle BONNARD, Marie.
Mademoiselle BOULLY, Estelle.
Mademoiselle BOULOGNE, Eugénie.
Mademoiselle BOURDON, Valéria.
Mademoiselle BOUTHORS, Louise.
Mademoiselle BUIGNY, Marie.
Mademoiselle BULTEL, Berthe.
Madame   BERNARD.

Mademoiselle CAMUS, Juliette.
Mademoiselle CARUELLE, Marie.
Mademoiselle CAUDRON, Stéphanie.
Mademoiselle CAVILLIER, Alice.
Mademoiselle CHIVOT, Claire.
Mademoiselle CLARÉ, Léonide.
Mademoiselle COCHINAL, Jeanne.
Mademoiselle CORNIQUET, Mathilde.

Mademoiselle CORVERS, Adèle.
Mademoiselle COURT, Lucienne.
Monsieur CARPENTIER, Jean-Baptiste.

Mademoiselle DALLIER, Laure.
Mademoiselle DÉMARQUET, Stéphanie.
Mademoiselle DENEUX, Gabrielle.
Mademoiselle DESAINT, Mathilde.
Mademoiselle DESCAURE, Romanie.
Mademoiselle DEVILLEPOIX, Adèle.
Mademoiselle DEVILLLEPOIX, Berthe.
Mademoiselle DOBBÉ, Cécile.
Mademoiselle DOBELLE, Marie.
Mademoiselle DOUCHET, Lia.
Mademoiselle DUBOSQ, Eugénie.
Mademoiselle DUFLOT, Hélène.
Mademoiselle DUMEIGE, Gabrielle.
Mademoiselle DUMONT, Elodie.
Mademoiselle DUPUIS, Noémie.

Mademoiselle FROMENT, Mathilde.
Mademoiselle FROMENT, Angèle.
Mademoiselle FROMENT, Hélène.

Mademoiselle GAFFEZ, Mathilde.
Mademoiselle GAUTHIER, Clémentine.
Mademoiselle GOVIN, Blanche.

Mademoiselle HULIN, Louise.
Mademoiselle HURÉ, Blanche.

Mademoiselle JEUNET, Louise.
Mademoiselle JEUNET, Elisabeth.

Mademoiselle LABESSE, Claire.
Mademoiselle LABITTE, Gabrielle.
Mademoiselle LANDRIEU, Louise.
Mademoiselle LAVENIER, Marie-Anne.
Mademoiselle LEBRUN, Marie.
Mademoiselle LÉGER, Ernestine.
Mademoiselle LÉGER, Edith.
Mademoiselle LEJEUNE, Berthe.
Mademoiselle LEMAIRE, Marie.
Mademoiselle LEMAITRE, Noémie.
Mademoiselle LÉTICHE, Juliette.
Mademoiselle LÉVÊQUE, Olympe.

Mademoiselle MACQUERON, Victoire.
Mademoiselle MADER, Marie.
Mademoiselle MAGNIER, Marthe.
Mademoiselle MANGOT, Claire.
Mademoiselle MANIER, Marie.
Mademoiselle MARTIN, Marie.
Mademoiselle MASSOULLE, Gabrielle.

Mademoiselle MERCKELBACK, EMMA.
Mademoiselle MOREL, EZILDA.
Mademoiselle MOREL, VALENTINE.
Mademoiselle MOURET, OCTAVIE.

Mademoiselle NORRIS, CAROLINE-MARIE.

Mademoiselle ORBAIN, CAROLINE.

Mademoiselle POUSSIN, ELVIRE.
Mademoiselle PROPHÈTE, CÉLESTE.
Mademoiselle PROUSEL, ADÈLE.

Mademoiselle QUARRÉ, MARIE.

Mademoiselle RAVIN, BERTHE.

Mademoiselle SANGNIEZ, ESTHER.

Mademoiselle TERSON, NORAH.
Mademoiselle THOMAS, JEANNE-MARIE.
Mademoiselle TOULOUSE, MATHILDE.
Mademoiselle TROYAUX, ADÉLINE.

Mademoiselle VACONSSIN, BERTHE.
Mademoiselle VACOSSIN, BERTHE.

AMIENS. — IMP. T. JEUNET.

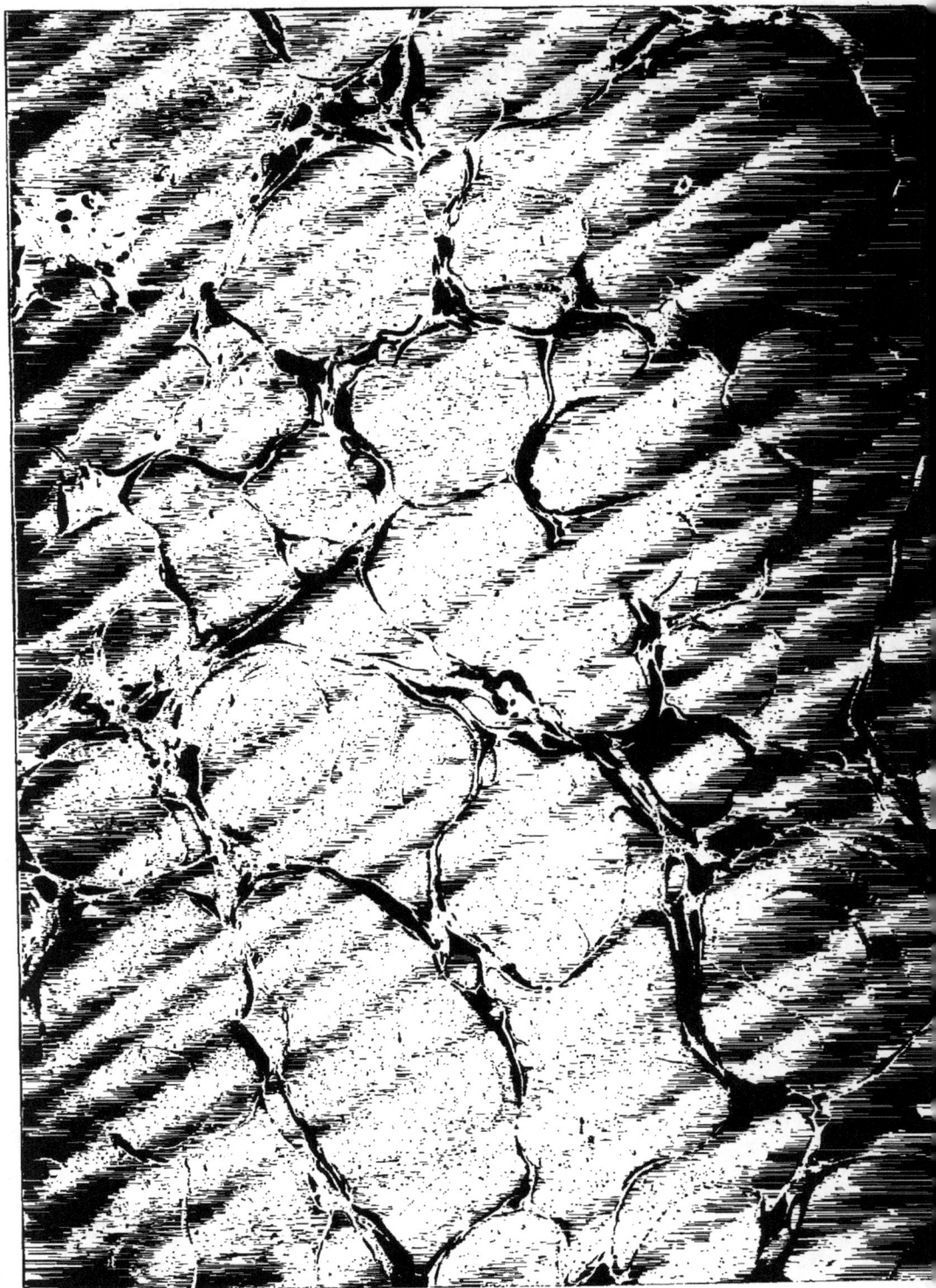

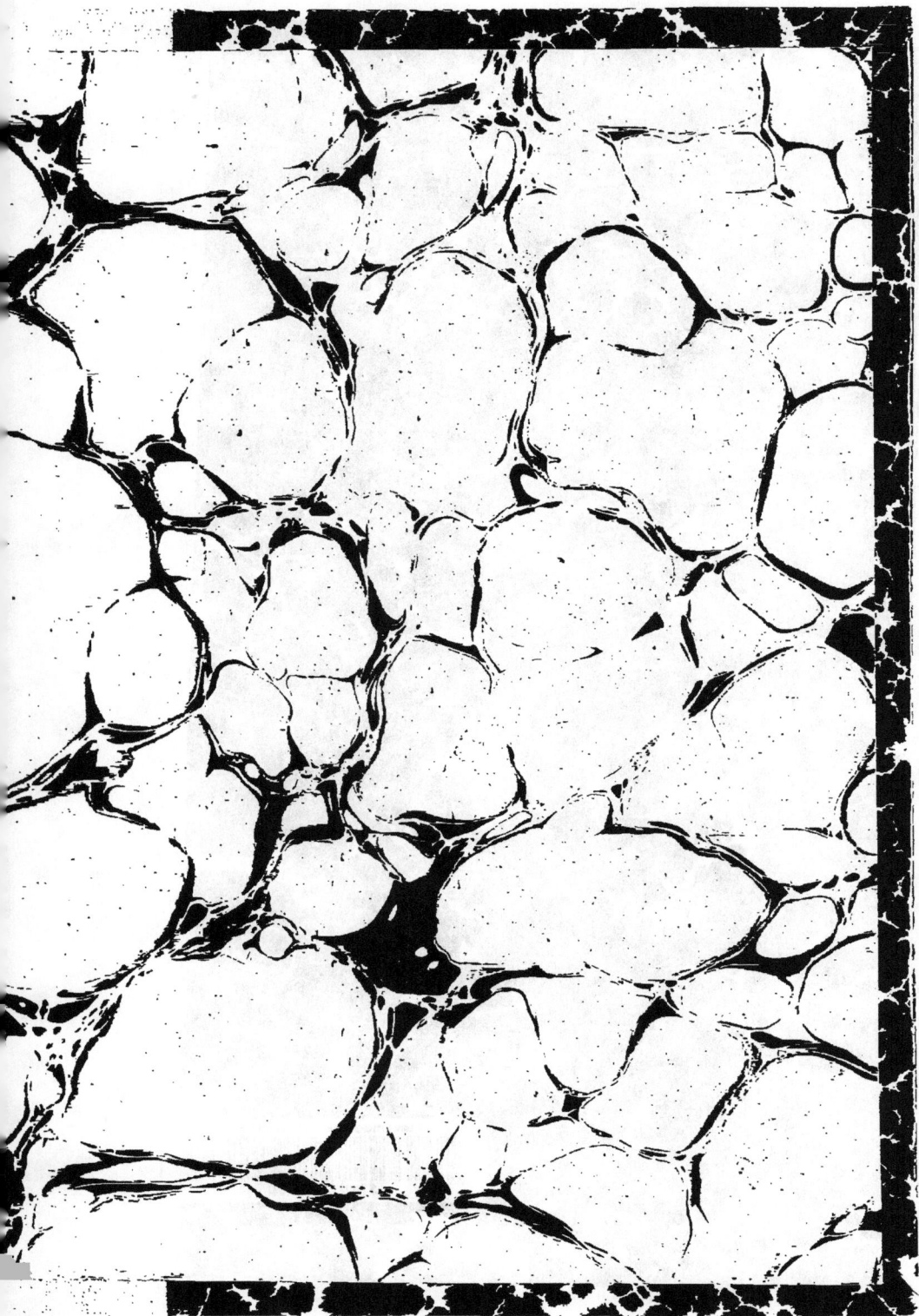

www.ingramcontent.com/pod-product-compliance
Lightning Source LLC
Chambersburg PA
CBHW051730090426
42738CB00010B/2176